「食」の図書館

アボカドの歴史

AVOCADO: A GLOBAL HISTORY

JEFF MILLER
ジェフ・ミラー【著】
伊藤はるみ【訳】

原書房

目次

第1章　アボカドの歴史　7

第2章　アボカドの栽培　57

第3章　奇妙な果実を売りこむ方法　101

第4章　さまざまな食べ方　125

［……］は翻訳者による注記である。

第1章◉アボカドの歴史

おなじみのサンドイッチチェーン「プレタマンジェ」で買ったアボカド入りのサンドイッチを食べて育った世代、あるいは友人知人が集まって、テレビでスーパーボウルの試合を見ながら巨大なボウルに入ったアボカドのディップ「ワカモレ」をチップスやクラッカーにのせて食べ、毎年大いにもりあがっている世代、家の近くのコーヒーショップに立ちよってエスプレッソとアボカドトーストを注文する世代の人々から見れば、アボカドは昔からすぐそこにあったように思われることだろう。たしかに、今やアボカドはどこにでもある。しかしわずか100年前には、その原産地であるメキシコ南西部、ミチョアカンの緑深い谷間以外の場所ではほとんど知られていなかった。

今やアボカドはリンゴなみによく知られた存在であり、そのうちに世界でいちばん多く消費される果実の地位をリンゴから奪ってしまいそうな勢いだ。甘いわけでもなく、火を通せば苦みが出て、口に入れればぬるぬるとした奇妙な舌ざわりがする果実、熟してくると緑色から黒っぽい怪しげな

アボカド（*Persea americana*）（ウガンダのカンパラで撮影）

色になる果実がいかにして世界中の人間の心をとらえることになったのか、その歴史をたどる物語はじつに興味深い。そこには果実をつけた木がしげる森での偶然の発見があり、工夫をこらし大変な苦労を重ねた販売戦略があり、現代人の栄養に対する考え方の大きな変化があった。それはひとつの果実が、なじみもなく、値段も高く、奇妙な食感があるせいで直面した数々の障害を克服し、パリ・ファッションに身を包んだセレブリティから南米パタゴニアの牧場労働者まで、すべての人々に愛される食べ物になるまでの物語だ。そんなアボカドの物語を始めよう。

◉アボカドの起源

アボカドはクスノキ科（*Laureceae*）の樹木

である。クスノキ科は花を咲かせて種子を作る被子植物の一種で、一億年以上前から地球上に存在していた。クスノキ科に含まれる月桂樹（*Laurus nobilius*）は何千年も前から高貴な樹木と見なされ、その葉で作った月桂冠を与えられるのは名誉なことだった。桂冠詩人（Poet Laureate）の称号を得ることは文字どおりその時代の最高の詩人のひとりと見なされることであり、学士号（baccalaureate）という言葉にも月桂樹が含まれている。クスノキ科の植物にはシナモン［樹皮が香辛料になる］、サッサフラス［根から抽出した精油が香料になる］、カッシア［樹皮がシナモンの代用品や漢方薬の材料になる］、月桂樹［葉を乾燥させたものがローリエまたはベイリーフと呼ばれ、香辛料に使われる］、クスノキ［葉や枝からとれる樟脳《しょうのう》が医薬品や虫よけ剤の原料になる］などさまざまに利用されているものがある。そうしたクスノキ科の樹木の中でも、アボカドは経済的にもっとも重要な地位を占めている。

分類上アボカドはクスノキ科のワニナシ属に属する。クスノキ科の中ではアボカドは知名度が高いと言えるだろう。ワニナシのもっとも古い祖先は太古の地球上にひとつだけあった陸塊、ゴンドワナ大陸にすでに生育していた。やがてゴンドワナ大陸がいくつかの大陸に分裂すると、ワニナシものちにアフリカ、ヨーロッパ、南北アメリカなどになる大陸とともに移動する。ワニナシの仲間は今も世界のさまざまな場所に見られるが、特にのちの南北アメリカ大陸にあたる土地の温暖で湿潤な亜熱帯性の気候のもとでよく育った。

アボカドが誕生したのは新生代のこと。新生代新第三紀（約２３００万年前～２５８万年前）の終わり頃、火山活動によって南北アメリカをつなぐメソアメリカ地峡《ちきょう》［地峡とは、ふたつの大きな陸地を結ぶ狭くて細長い陸地」が誕生し、ワニナシが現代のようなアボカドに進化するのに最適な環境がうまれた。この環境はトウモロコシ、トウガラシ、カボチャ、バニラ、カカオなどの進化もうながした。現在アボカドは南極大陸以外のすべての大陸で生育しているが原産地はアメリカと考えられており、その学名はアメリカワニナシを意味するペルセア・アメリカーナ（*Persea americana*）である。

数千年にわたり人間による品種改良が続けられてきたことからアボカドは栽培果樹と思われがちだが、遺伝子的に見るとアボカドは異型接合体《いけい》なので半栽培果樹だという議論もある。ある染色体の中に異なった遺伝子の組みあわせをもつ動植物を異型接合体といい、その場合どちらの遺伝特性が現れるかは予測できない。人間の場合、子供が両親のどちらかの完全なコピーとはならないのと同じだ。植物学者や育種家によると、アボカドは異型接合体であり、ある木からとった種子を育ててもそれからできる果実の品質がもとの木と同じとは限らない。リンゴの種子もそうだが、アボカドも自然受粉によってできた果実の種子を育てても、親の木と同じ性質の果実ができることは少ないのだ。親の木と同じ性質をもつ苗木を育てるためには、芽接《めつ》ぎや接《つ》ぎ木で増やさなければならない。したがってアボカドを商品作物として育てる場合は、ほとんど芽接ぎか接ぎ木が行われている。ただし農学の研究者は、親の木にはない新しい性質が子に現れることを期待して、種子からも多くの苗木を育てている。

アボカドはもとの野生植物から大きく変化した別個の培養変種だと見なされることが多い。今日私たちが食べているトウモロコシ、ブロッコリー、サトウキビなどほとんどの食用作物は培養変種である。

◉3種類のアボカド

アボカドはクスノキ科ワニナシ属に属しており、生育地によってさらにメキシコ種、グアテマラ種、西インド諸島種の3種に分類されている。そのうちメキシコ種とグアテマラ種は、果実を食べた大型動物が移動した先で落とした糞に混じっていた種子がもとになって、それぞれの土地の自然環境に適応するよう進化したものらしいことが遺伝子の調査によってわかっている。もうひとつの西インド諸島種は、メソアメリカ［メキシコおよび中央アメリカ北西部に相当する先スペイン時代の文明圏］の先住民が周辺に自生していた野生種を栽培しようと試みた結果として作られたものだろうと言われている。この3種のアボカドの自生地には今も多くの野生種が生育している。それらの野生種の果実は小型で丸く、種子が果実の多くの部分をしめていることが多い。こうした野生種はクリオージョ（criollo）と総称されている。クリオージョはガチョウや七面鳥の卵ぐらいの大きさで、皮は熟す前から青黒い色をしている。大型動物が食べ、種子をまき散らしたのはおそらくこのタイプのものと思われる。

メキシコ種のアボカドは原住民の言葉、ナワトル語でアオアカトル（aoacatl）と呼ばれ、メキシ

野生種のアボカド、クリオージョ。

コ中央部の熱帯および亜熱帯地域の比較的涼しい高地で生育する。生育に最適な環境は海抜2400メートル以上で、周辺の低地に比べ降雨量が少なく湿度が低い土地である。この地域の地理的条件と後期更新世《こうしんせい》（12万6000年前～1万1700年前）の気候条件が食用果実としてのアボカドの進化を促進した。現在わかっているかぎりでは、メキシコ種はメソアメリカで人類が初めて食用としたアボカドであり、しかも先住民が食料確保のために意識的に農業を始める以前から食べられていたらしい。

グアテマラ種のアボカドはナワトル語でキラオアカトル（quilaoacatl）と呼ばれていた。これは熱帯高地性の気候に適した種で、メキシコ種より気温と湿度が高い土地でよく生育する。そうした環境の海抜800～2400メートル付近の土地が最適である。

西インド諸島種はナワトル語でトラカコラオカトル（tlacacolaocatl）と呼ばれる。アンティル諸島種と呼ばれることもある。海抜0～800メートルまでの湿潤な熱帯または亜熱帯気候の場所で生育する。最適な環境は海抜400メートル以下だが、800メートルまでは生育できる。この種は塩分を含んだ土壌でも比較的よく生育するという特徴をもち、アボカドを栽培している地域の多くが灌漑による土壌の塩分濃度上昇という問題を抱えているため、今後は国際市場での取引量が増えるかもしれない。

西インド諸島種を別個の種とするのは誤りだという説もある。ルイス・O・ウィリアムズなどの植物学者は、アボカドはメキシコ種とグアテマラ種の2種だと主張している。彼らによれば、遺伝子解析の結果、西インド諸島種はメキシコ種の変種と判明したということだ。西インド諸島種が、15世紀のスペイン人入植よりずっと前から西インド諸島に生育していたという証拠はほとんどないと彼らは言っている。メソアメリカの先住民が、メキシコ種の種子を南アメリカ大陸北岸やアンティル諸島あるいは西インド諸島に持ちこんだ可能性は高い。ヨーロッパ人の入植に先立ち、大陸と島々とのあいだでカヌーを使った交易が広範に行われていたことはわかっている。アボカドの西インド諸島種は、中央アメリカの大陸部で種子から育てられたアボカドが人の手で島々にもたらされ、その地の環境に適応してよく育つものやよりおいしい果実をつけるものが選別され、栽培された結果生まれた変種といえるかもしれない。

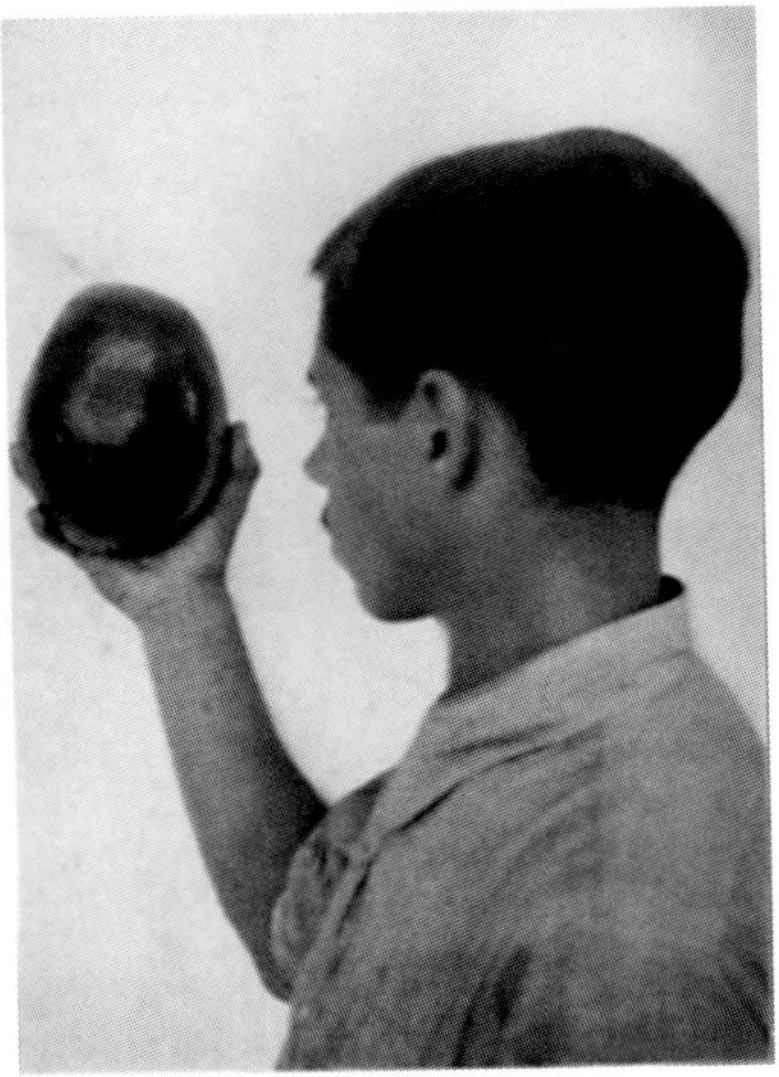

メキシコのチアパス州タパチュラで育てられた西インド諸島種のアボカド。重さは900グラム近い。

歴史的に見れば、アボカドが西インド諸島に持ちこまれたのはインカ帝国がそこに進出し、その後さらにスペインが到達する直前だったものと思われる。しかしその地域の歴史や果樹栽培に関して無知だったスペイン人は、西インド諸島で初めて見たアボカドをそこの在来種だと思いこんだのだろう。

アボカドを最初に世界に広めたのはスペイン人だ。彼らはアボカドがサトウキビなどの換金作物を栽培していない土地でもよく生育し、しかもその果実は栄養があることに気づいたのだ。アボカドはカリブ海地域にスペイン人が展開した大規模なサトウキビ農園で働く奴隷の食料として重宝され、その後スペインの植民地となったフィリピンなどにも奴隷の食料として広まった。

◉アボカドと巨大動物

アボカドは後期更新世（12万6000年前〜1万1700年前）に生息していた巨大動物の力をかりて勢力を伸ばした。メソアメリカに生息していた草食巨大動物は現代の野生種クリオージョに似た当時のアボカドを食べていた。メガテリウム［巨大ナマケモノ］、トクソドン［カバに似ているが陸生の哺乳類］、ゴンフォテレス（4本の牙をもつゾウの遠い祖先）、ティタノティロプス［巨大ラクダ］、グリプトドン［巨大アルマジロ］などが糞とともにアボカドの種子をばらまいたのだ。

こうした動物は一説によればメガテリウムであり、現代の配送用トラックほどの大きさで体高5・

ゴンフォテリウム・アングスティデンス。チャールズ・R・ナイト画（不透明水彩画）。

5メートルもあったらしい。現代のアフリカゾウよりもずっと大きかったわけだ。いちばん小さいものでも現代の乗用車よりは大きかったという。それほどの大きさの草食動物なら、ただ生きるためでも驚くほどの量の食べ物を必要としたことだろう。現代のゾウはそれよりずっと小さいが、1日に90～180キロの食べ物が必要なのだから。

木や草の葉は大量に食べても得られるカロリーが少ないから、草食動物の多くはそれ以外のもっとカロリーの高い食べ物を捜しもとめていた。果実、ナッツ、イモ類などは彼らの欲求を満たすのにうってつけだ。特に果実類はその糖分がエネルギー源になるから動物たちの好物だった。植物の側としては他の植物でなく自分の果実を動物に食べさせ、種子を糞とともにまき散らせてもらって子孫を増やしたい。そのための戦略として動物に好まれるようにできるだけ糖分の多い果実をつけるよう進化したものが、

巨大アルマジロ（グリプトドン）。パベル・リハ画（コンピューターグラフィック）。

勢力をのばしたことだろう。

果実や種子が小さい植物は、森林のはずれの草原などの、異なる環境と隣接する場所に生育する傾向がある。いっぽうアボカドなど種子の大きい植物は森林の中心部に集中しがちだ。動物たちにあえて森林の奥まで入りこみ、果実を食べて種子を広めさせるために、アボカドは種子の小さい植物より栄養価の高い果実をつけようとしたのだろう。アボカドの新種を求めて旅をした有名な植物学者で探検家のウィルソン・ポペノーは、森のはずれでもっとも小型の果実をつけたアボカドを、そして深い森の中では比較的大きい果実のアボカドを発見したと報告している。

果実のジューシーな果肉とエネルギー源となる糖分は、動物に種子を運び子孫を残す手助けをしてもらうために植物が支払う「報酬」だ、とダーウィンは語っている。アボカドの場合、この報酬は良質のエネルギー源としての植物性脂肪だ。初期の人類も巨大動物と同じ理由でアボカドを好んだのだろう。１９８７年に開かれた民族植物学会の第10回年次総会で、民族植物学者ゲアリー・ナバンは「巨大動物により選択された食用果実があらかじめ勢力をのばしていたおかげで、新大陸の熱帯地域に暮らした初期の人類は無駄な試行錯誤をする手間を省くことができた」という説を発表した。彼は、巨大動物も後の人類と同じように食味、カロリー、得られる満腹感などを基準に食べ物を選んでいたはずだから、後に出現した人類は食用に適した果実を探す手間が多少なりとも省けたはずだと考えている。

アボカドは、かつて南北アメリカ大陸に生息し今は絶滅した巨大動物に種子を運んでもらう目的で進化したに違いない。なぜなら現在その地域に生息する哺乳類や爬虫類が丸ごと食べるには種子が大きすぎるからだ。

ジャガーがアボカドを食べて種子を糞とともに出した例はあるが、本来は肉食であるジャガーが頻繁にアボカドを食べ、種子を運ぶことは期待できない。しかし草食巨大動物はのどに始まるすべての消化器が大きかったから、アボカドを丸ごと飲みこんで種子を傷つけることなく排出することができた。アボカドの種子は弱い毒性をもち下痢をおこすことがあるから、消化されずにすばやく排出されたことだろう。ある程度の量の糞とともに排出されたから、若木を育てるための肥料もあったわけだ。

現代のアフリカでも、大型動物が同じような役割を果たしている。サハラ砂漠以南の土地にあるアボカド農園では、ゾウが「襲撃」してアボカドを食べ、種子を丸ごと排出することがあるのだ。メソアメリカでも、今は飼育されている牛や馬が熟したアボカドを食べ、あたりを歩きまわっては種子を丸ごと排出している。先祖である巨大動物の行動の再現と言えるだろう。

◉「進化しすぎた」アボカド

生育地を広げるため、植物はとても巧みに動物を利用する。その点ではアボカドのとった戦略もなかなかユニークだ。動物が植物の種子を食べ、それを傷つけることなく丸ごと排出し、その種子が排出された場所で発芽して子孫が増えるというプロセスを、植物学では「動物被食種子散布」という。この作戦をとれば種を存続させられるだけでなく、離れた場所で芽ばえた若木は日光や養分を親木と奪いあう必要がないという利点がある。

アボカドの場合、内果皮《ないかひ》［種子を囲んでいる普通はタネと呼ばれている部分の皮］の表面がツルツルしているので、果実を丸ごと食べた動物の消化管をスムーズに通り抜けやすい。さらに内果皮には苦みと弱い毒性があるから、動物がかみ砕いて傷つけることもない。それればかりか、アボカドは匂いで動物を誘惑できるような進化も遂げている。アボカドの花と果実には大麻草と同じくテルペンという芳香物質が含まれ、大型動物にエネルギー源となる中鎖《ちゅうさ》脂肪酸の存在を知らせる役割を果たしているのだ。

「ブラック・ジェム」ブランドのアボカドの木箱に添えられたデザイン

科学ジャーナリストのコニー・バーロウは著書『進化の亡霊 *The Ghosts of Evolution*』で、アボカドは「進化しすぎた」と書いている。アボカドはゴンフォテレス［4本の牙をもつゾウの遠い祖先］などの巨大動物の消化管を通過するために大きなタネをもつよう進化した。しかし巨大動物はすでに絶滅し、現代ではそのようなタネは必要ない。「食料品店で山積みになっているアボカドは、遠い過去から現代にワープしてきたような植物だ。それはもはや存在しない世界に適合するよう進化したままでいる。植物の生態としては時代錯誤そのもの。アボカドのパートナーは過去の亡霊なのだ」と彼女は言う。

草食巨大動物の活動領域は広範だった。現代のアボカドの祖先はそうした動物たちに果実を食べさせ、移動した先で糞とともに種子を排出させることで、ふるさとであるメキシコ中央部の亜熱帯性気候の高地から現代の中央アメリカ各地へ、さらには南アメリカ大陸の北部にまで生育地を広げた。巨大動物が移動した先は、落とされた種子が根をおろし成長するためには十分に快適な環境だったが、ふるさとの地とは多少異なっていた。そのためアボカドが属するワニナシ属で種《しゅ》の分化が起こることになる。

アメリカ大陸の巨大動物が更新世末期に絶滅すると、種子の運び手を失ったアボカドは果実を自分の根元に落として発芽させるしかなくなっただろう。時代遅れの進化にとどまっていたせいで、アボカドはもはや生育地を広げることができなくなったのだ。更新世には北アメリカ大陸で約70パーセント、南アメリカ大陸では約80パーセントの巨大動物が絶滅したと言われている。アボカドを丸ごと食べて種子を運べるだけの大きさをもつ草食動物は、ウマ、バイソン、ゾウぐらいしか残らなかった。だがそのような動物はアボカドの生育地には存在しない。

アボカドは草食巨大動物に果実を食べさせ、種子を広めさせる目的に特化した進化をとげた。バーロウが書いているように「1万3000年後に種子の運び手である巨大動物が姿を消したとき、アボカドにはどうすることもできなかった」。新しい種子の運び手が現れるまでひたすら待つしかなかったのだ。しかしアボカドは長命な植物だった。次の運び手が現れるまで命をたもち、滅びることなくじっと耐えていた。野生のアボカドの木には500年も生き続けるものがある。南カリフォルニアで育てられているハス種のアボカドの木には、100年近くのあいだしっかり果実をつけ続けているものもある。中央メキシコの亜熱帯地域の高地では、樹齢400年近いと思われる野生の木々が果実をつけている。バーロウが書いているように、何百万年も生き続けてきた種《しゅ》にとって「〈更新世の巨大動物絶滅以後の〉1万3000年という期間はワニナシ属の忍耐がつきるまでにはまったく短い」のだ。

巨大動物が絶滅したのは、人類がアジアからベーリング地峡をわたり南北アメリカに達した頃だった。草食巨大動物が肉食の人類の狩猟のせいで死に耐えたのか、それとも人類との食べ物の争奪戦に敗れて絶滅したのかは定かでないが、いずれにせよアボカドと同時代にさかえた植物は動物たちと運命をともにするはずだった。ところがアボカドは生き残ったのだ。まさに古植物学者D・H・ジャンゼンとP・S・マーティンが1982年に「新大陸熱帯地域における時代に取り残されたもの」と称した植物の見本なのである。

離れた場所へ運んでくれる巨大ナマケモノのような大型哺乳類がいなくなったことで、アボカドの種子は木から落ちたところで腐ってしまうか、芽が出たとしても親木に太陽光をさえぎられ、養分も十分に得られないという生育に不利な条件下におかれたのだった。現代では人間がアボカドの種子を育てている。更新世の巨大動物がそうしたのと同じように、人間がアボカドの進化をうながしていくのだ。

◉メソアメリカの初期の住民

絶滅した巨大動物にかわる種子の運び手が現れなければ、アボカドは世界の果樹の分布図からゆっくりと姿を消していったことだろう。メキシコ中央部の高地という限られた生息地でさえ、もっと多くの果実をつけ、運びやすく、甘くておいしいほかの果実にその場所を奪われていたかもしれない。だが私たちにとってもアボカドにとっても幸いだったことに、アジアと北アメリカを陸続きにしていたベーリング地峡をわたって、願ってもない種子の運び手がやってきた。ホモ・サピエンス、つまり人間である。

解剖学的にはほぼ現代人と同じといえる人類は、7万年〜10万年ほど前にアフリカを出て長い旅を始め、約2万年前までには歩いて行けるほとんどの大陸に広がり、さらにはインドネシアの島々を経てオーストラリアにまで到達していた。ちょうどその頃は最後の氷河期で海水面が下がっており、アジアと北アメリカがベーリング地峡で陸続きになっていた。人間たちはそこからさらに南下し、約6000年後にはメキシコ中央部の高地に住みついていた。

当時の遺跡の調査により、その地で農耕共同体を形成しつつあった人間がたまたま見つけたアボカドの果実を食べはじめたことがわかっている。果実を野営地に持ちかえり、食べたあとの苦いタネを捨てることで、人間はアボカドの種子の新しい運び手となり、その生育地を拡大することになったのだ。このような人間とアボカドの関係は少なくとも9000年前には成立していたことが証明されている。メキシコ、プエブラ州の乾燥地帯コスカトランの洞窟群では、近くの湿潤な渓谷から運ばれたらしいアボカドを食べた痕跡が見られる。脂肪分、カロリー、タンパク質を豊富にもつアボカドがメソアメリカに住みついたばかりの人間に好まれたであろうことは十分納得できる。

モカヤはメソアメリカでもっとも古く成立した部族集団と考えられており、カカオとトウモロコシの栽培を最初に行った人々と見られている。モカヤとは彼らが話していたらしいミヘ・ソケ語で

「トウモロコシの人々」を意味するが、かつての居住地に残された痕跡を見ると、粒の小さい当時のトウモロコシよりも周辺に自生していたアボカドなどの果実のほうが彼らにとって重要な栄養源だったようだ。

モカヤのようなもっとも初期の部族集団は、より良い居住地を求めて放浪する集団から拠点を定めて狩猟採集を行うある程度組織化された集団へと移行する流れのさきがけだったと思われる。集団が一か所に定住して農業と牧畜を行う社会がメソアメリカに成立するのはまだ先のことだったが、モカヤなどの初期の部族集団も食料を確保するために野生のアボカドをある程度管理し、人の手を加えていたのではないだろうか。モカヤの人々が意識的にアボカドを栽培していた証拠はないが、アボカドを果樹として組織的に栽培したオルメカやマヤの人々より前からアボカドを育てる知識はかなりもっていたことだろう。

南アメリカ大陸北部にもっとも早く成立したノルテ・チコあるいはカラル＝スーペと呼ばれる文明でも、アボカドは食料とされていた。この文明の人々は主要な栄養源としてはサツマイモやカボチャやマメ類への依存度のほうが高かったようだが、発掘された遺跡を見るかぎりトウモロコシよりはアボカドの消費のほうが多かった。ノルテ・チコの人々にとってアボカドが重要な存在だったことは、現在のペルーの首都リマの北にあるワカ・プリエタの儀式用の塚でアボカドの木の痕跡が見つかっていることからわかる。社会人類学者サー・ジェイムズ・フレイザーは古典的名著『金枝篇』で、ペルー北部の先住民が「ワニナシ」を完熟させて味をより良くする祭りについて次のように記している。

祭りは5日5晩続いた。祭りの前の5日間は身を清める期間で、男たちは塩と胡椒を口にせず、妻の体にふれることもしない。祭りの日、男たちは全裸で果樹の畑にある広場に集まり、そこから遠くの丘まで走る。途中で出会った女たちはすべて犯される。

この文明はスペイン人がやってくる1世紀ほど前にインカ帝国に征服されるのだが、インカによる征服以前からアボカドの栽培は行われていた。

オルメカ、マヤ、アステカはメソアメリカで高度に組織化された文明を築いた最初の人々だ。彼らは食料としてのアボカドを非常に重要視していたので、石の彫刻にはアボカドの図柄や「アボカド」を意味する絵文字が頻繁にきざまれている。オルメカの遺跡に残る食物の痕跡としては、多くの場所でアボカドがいちばん多く見つかる。インカに先立つこれらの文明では、アボカドはしばしば「神々の贈り物」とも称されていた。栽培が容易で栄養価が高く味もよいアボカドは、これら初期メソアメリカ文明および南アメリカ文明において好まれていたことは当然と言えよう。

こうした先住民は北アメリカ、中央アメリカ、南アメリカ各地とさかんに交易していたので、アボカドの生育地もしだいに広がっていった。カカオ、バニラ、アボカド、カボチャ、マメ、コショウ、トウモロコシなどの植物もこの交易ルートによって広がった。こうして栽培される範囲が広がると、品種の混合という予想外のできごとが起こったかもしれない。そもそもアボカドの遺伝子には異型結合という特徴があったから、異なった遺伝子が混合して前よりすぐれた性質のものが生まれたことは十分ありうる。考古学上の発見により、コロンブスが来る以前のこの地域でアボカドの果実が大型化していたことはわかっている。大きな果実をつける木を育てる努力がされていたらしい。食料を確保するためにアボカドを栽培していた人々は、よりすぐれた性質の果実を実らせるために種子を選別していたに違いない。

インカに先立つメソアメリカ文明の成長と拡大にとって、アボカドは欠くことのできない食料だった。アボカドがたくさん栽培されている場所には今より多くの人口が集まっていたという事実も、栄養源としてのアボカドの重要性を示すものだろう。多くの発掘現場で植物性の遺物としてはアボカドの痕跡がいちばん多く見つかっているという事実もそれを裏づけるものだ。

◉マヤ文明

アボカドはマヤ族にとっては特に重要なものだった。マヤ族の創世神話「ポポル・ヴフ」にはアボカドも登場する。神話によればマヤの神は白と黄色のトウモロコシの粉を練った「マサ」で人間を作り、食べ物にするためにアボカドなどの果樹を作ったということだ。マヤ族などメソアメリカ文明に属する人々にとって、果樹の栽培は生存のために重要な要素だった。アボカドを栽培すること、彼らが望むような果実を実らせるために種子を選別して植えることを始めたのは、おそらくマヤの人々だったろう。

マヤ文明の都市遺跡パレンケにある墓の彫刻にはアボカドの木がきざまれている。パレンケにはもっとも偉大な王のひとりとされるパカル大王の墓があり、そこには10種類の樹木が彫刻してあった。そのうちの1本はアボカドだ。パカル王の石棺に彫られたアボカドの木からは王の祖母にあたる女性カナル＝イカが姿を見せている。マヤ人は亡くなった祖先が木に生まれかわると信じているので、家のまわりに木を植えていた。死者を埋葬したばかりの墓の上にアボカドの木を植えることもあった。

中央アメリカ、ユカタン半島のつけねの国ベリーズにマヤ文明の古代都市遺跡プシルハがある。スペインの都市グラナダのシンボルはザクロだが、プシルハのシンボルはアボカドだ。この遺跡で発掘された多くの石彫《いしぼり》にアボカドを意味する絵文字がきざまれていた。この町の支配者は「アボカドの首長」と呼ばれていた。

ハアブ暦と呼ばれるマヤの暦は各月の農産物にもとづいており、14番目の月はアボカドの月で、ウニウ（カンキンとする説もある）という名で記されていた。ウニウを意味する絵文字はマヤの石彫に数多くきざまれていて、これもまたマヤ文明におけるアボカドの重要性を証明するものだろう。

現在のメキシコシティにあたる場所に都のテノチティトランを築いていたアステカ族にとっても、アボカドは重要なものだった。主要な都市の名前アワカトランは「アボカドが豊富な場所」の意味

初期のメキシカン種 no.36。野生種に近い。デボラ・グリスコム・パスモア画（1906年）。

であり、その絵文字は歯のついたアボカドの木だった。アステカでは首都テノチティトランに住む君主に家来が貢ぎ物として果実を贈るならわしがあり、中でもアボカドはもっとも好まれる貢ぎ物だった。アボカドはアステカの貴族たちに愛されていた。アステカではアボカドは力を与えてくれると信じられていたのだ。

他の多くの文明にも見られることだが、アステカでは動物、野菜、果実などがそれと外見が似ているものの性質をもつと考えられていた。クリオージョのようなタイプだった当時のアボカドは力強い睾丸に似ているように見え、それを食べれば男性の精力も高まると考えられたのだ。伝説によれば、熟したアボカドの匂いには強い媚薬効果があり、それをかいだ女性はみだらになるとも考えられていて、高貴な身分の女性はアボカドの収穫の時期には家を出ることを禁じられていたらしい。

スペイン人がアメリカ大陸にやってきたときにインカ帝国ではアボカドが食べられていたが、アンティル諸島の住人と同じく、インカの人々もアボカドというものを知って食べはじめたばかりだった。彼らは現在のエクアドルの中部から北部にかけて存在したカラル＝スーペ（ノルテ・チコ）文明を征服し、そこで食べられていたアボカドに初めて出会ったのだ。インカの王トゥパック・インカ・ユパンキはパルタと呼ばれる地域を征服し、そこで食べられていた果実を首都クスコに近い温暖な谷に持ちかえった。その果実はもともとあった地域の名をとってパルタと呼ばれた。現代でもペルーとエクアドルでは、アボカドはパルタと呼ばれている。

◉スペイン人の到来と植民地時代

新大陸に到達したヨーロッパの探検家たちは早くからアボカドについて記録している。アボカドについて書かれた最初の書物は１５１９年に著されたマルティン・フェルナンデス・デ・エンシソの『世界のすべての地方と事物を記した地理学大全 *Suma de geographia que trata de todas las partidas y provincias del mundo*』である。デ・エンシソはアボカドの果実について「見た目はオレンジに似ており、熟して食べられるようになると黄色っぽくなる。その果肉はバターのようで、すばらしくよい香りがする。味もすばらしく、驚くべき果物だ」と書いている。

１５２６年にはフェルナンデス・デ・オビエドが次のようにくわしく書いている。

この土地にはナシと呼ばれる木があるが、それらはスペインのものとは異なっている。まったく尊重されていないが、スペインのナシ［日本でいう洋ナシ］よりすぐれたところが数多くある。木は大きく、月桂樹の葉に似た幅の広い葉をつけている。ただしその葉はもっと大きくて緑が濃い。その木に重さ１ポンド［約４５０グラム］前後の果実をつける。色と形はナシに似ている。外皮はナシより厚いがやわらかい。果実の中心には皮をむいたクリに似たタネがある……このタネと外皮のあいだを食べるのだが、バターのようなペースト状の果肉がたっぷりあってとても美味である。

オビエドがここに書いたアボカドは、その地域の先住民が交配して大きさと味を改良したものに違いない。野生のアボカドはもっとずっと小さい卵型の果実で、食べられる部分も少ないからだ。

1554年にはフランシスコ・セルバンテス・サラサールが、アステカの首都テノチティトランの市場へ行けばどこでもアボカドが買えると書いている。同じ頃、ほかにも何人かのスペイン人がアボカドの種類について記録を残している。フリアル・トリビオ・デ・ベナベンテは、「この地のどこでも一年中手にはいる未熟なアボカドは、未熟なイチジクのようだ。ほかに大きめの洋ナシぐらいの大きさがあって、新大陸スペイン領のどんな果物より美味なものがある。小さなカボチャほどの大きさのものもある。タネが大きくてほとんど果肉のないものもあれば、果肉の多いものもある」と書いた。初期のスペインからの探検家や征服者とともに新大陸にやってきた記録者たちは、メキシコの中央部からペルー北部まで、さらにはカリブ海域の多くの場所で見かけたアボカドについて記録を残している。

早い時期に新大陸にやってきたスペイン人は、ヨーロッパ人になじみのある言葉でアボカドを描写した。アボカドはイチジクのようだ、洋ナシのようだがバターのようでもある、ズッキーニのような実がなる大きな木だ、オレンジの木に似た葉をつけイチジクのような実をつけるカシの木のようだ、などなど。彼らは新大陸で出会ったさまざまな果実の味に魅せられたが、ふるさとを遠く離れた人間の性《さが》で、生まれた国で食べなれた味をなつかしく思うこともあった。スペイン人が特に恋しがったのはオリーブの実だ。彼らは、食べなれたオリーブのかわりに未熟なアボカドの果実を小

「盛装したインディオの女性」ビチェンテ・アルバン画（油彩／1783年頃）

さく切って塩漬けにしたのだった。

スペイン人入植者はアボカドの果肉を、食用にするためにスペインから持ちこんだブタの餌にも使った。新大陸を旅していたフランス人のラバ神父は、木から落ちたアボカドの実を食べるブタを目撃したと記録に書いている。彼によれば「おかげでそのブタたちは丸々と太り、肉にはいい風味がついている」ということだ。ドングリを餌として育てられ、独特の風味をおびたイベリコブタで作る生ハムを連想せずにはいられない話である。

●アボカドはどう見えたか

当時のヨーロッパ人が記した記録では、アボカドは「アワカテ（aguacate）」あるいは「パルタ（palta）」と表記されている。17世紀にペルーで活動したイエズス会士ベルナベ・コボはその著書『新世界の歴史 *Historia del nuevo mundo*』に「パルタの皮は厚いがセウタレモンの皮よりはやわらかい。外側は緑色で、完全に熟せば簡単に皮をむくことができる。そしてヨーロッパやインド周辺で私がこれまでに見たどの果実よりも大きいタネが中に入っている」と記している。彼はさらに「〔その果肉は〕白っぽい緑色で、バターのようにやわらかい。砂糖と塩をつけて食べる人もいるが、そのまま食べる人もいる。とても風味がよいので特に調味料を使う必要はない」とも書いている。

初めて英語でアボカドについて紹介されたのは、1589年にカリブ海地域を訪れたイギリス商人ホークスが記した旅行記の中だった。彼はアボカドのことを「アルバカタ（alvacata）」と記している。イギリスはスペイン支配下にあったジャマイカ島を1655年に奪取したが、その2年後に行われた島内の調査によるとアボカドは島に完全に定着し、広く栽培されていたということだ。1657年にロンドンで出版されたジャマイカの新しい植民地についての報告には、島の市場で「アバカタス（avacatas）」と呼ばれるめずらしい果物が売られていると書いてあり「8月の出さかりの時期には1個8ペンスで売られている」と続いていた。

イギリスの西インド艦隊に同行していた医師のウィリアム・ヒューズは1672年にジャマイカを訪れ、アボカドについてのくわしい描写を初めて英語で記した。その著書『アメリカの医師、あるいはアメリカのイギリス人入植地に見られる草木、果実等に関する考察 *The American Physician; or, A Treatise of the Roots, Plants, Trees, Shrubs, Fruit, Herbs &c. Growing in the English Plantations in America*』

「静物」ホセ・アグスティン・アリエタ画（油彩／1870年頃）

で彼は書いている。

これはかなり樹高があり、大きく枝を広げる木だ。うす緑色の葉はなめらかである。果実はイチジクのような形状だが外皮はよりなめらかで大きさは洋ナシほど。色は茶色。中心にアプリコット大の丸くて硬いタネがある。タネの表面は一見するとドングリの殻のようだが、そこまで硬くはない。果肉（つまり厚みのある外皮とタネのあいだの部分）は非常にやわらかく、まるでほどよく焼いた焼きリンゴのようである。

ヒューズはさらに続けて、ジャマイカの住人はみなこの果実をスペインナシ（Spanish pear）あるいは殻ナシ（shell-pear）と呼ぶが、それはやわらかくてそのまま食べられるような皮をもつヨーロッパの洋ナシと区別するためだろうと書いている。ヒューズはこれを「ジャマイカ島でもっともめずらしくておいしい果物のひとつであり、栄養が豊富で体によいだけでなく、心も元気にする」と評価し、スペイン人は「その果肉を取りだして便利そうな道具で細かくきざんで酢とコショウをくわえて……とてもおいしいものを食べている」と書いている。これは現代のアボカド料理の定番であるワカモレの前身だろう。もっともスペイン人が「性欲を高めるため」にアボカドをたくさん食べているというヒューズのコメントには、いくぶん当時のイギリス人の民族的偏見があるようだ。

のちの初代アメリカ大統領ジョージ・ワシントンは1751年に西インド諸島を旅したさい家族に書いた手紙に、バルバドスでは「アボガゴ（avogago pears）がとても人気がある」と書いている。ちなみに旧大陸で初めてアボカドの木が栽培されたという記録はスペインのバレンシア地方にあり、1601年のことである。

アボカドは植民地時代に急速に世界中に、とりわけスペインの植民地に広まった。栽培が容易ですぐれたエネルギー源になる果実は、植民地の労働者に提供するために肉以外の安く手に入る食べ物を探していた農園の地主たちにとって、魅力的なものだったことだろう。サトウキビ農園のすみに植えてもアボカドはサトウキビの成長の邪魔をすることなく育ち、奴隷労働者の食物を提供できたはずだ。アボカドはヨーロッパ人が入植する以前から中南米の太平洋岸に沿って広まりつつあり、アマゾン川とそのいくつかの支流に沿って大西洋岸のギアナ高地やベネズエラを経てアンティル諸島にも広まっていた。それが１５００年代末にははるか遠くのフィリピンまで、１７００年代末にはアジアやアフリカまで広まり、１８００年代初めにはハワイ、オーストラリア、カナリア諸島でも栽培されるようになった。１９００年代初頭にはスペイン以外の地中海世界にも到達し、モロッコとパレスチナにも移植された。

◉アメリカ合衆国への伝来

メキシコのカンペチェで領事をつとめていたヘンリー・ペリンは、１８３３年にアボカドを初めてアメリカ合衆国にもたらした。ペリンは医師であり熱心な園芸家でもあったので、メキシコ南部で見かけた熱帯性の植物の多くは、彼の第二の故郷フロリダで栽培すれば絶好のビジネスになると考えたのだ。彼が持ちかえったアボカドはおそらくメキシコ種かグアテマラ種だったと思われるが、そのふたつの交配種だったかもしれない。フロリダ州南部キーズ諸島のひとつにあった彼の土地に植えられたアボカドは順調に果実を実らせたが、その後ペリンが島の先住民が起こした反乱で殺害されてしまい、果樹園は誰にも引きつがれることなく長いあいだ放置されることになる。

その後しばらくはフロリダでアボカドが栽培されることもなかったが、１９００年代になるとキューバから苗木が持ちこまれ、フロリダ南部の各地に植えられた。ビジネスとしては成功したケースもそうでないケースもあったようだ。現地では昔からの呼び名「ワニナシ alligator pear」が使われていたが、市場関係者はその呼び名を嫌っていた。

ペリンの植えた木は生きのびることができなかったが、彼の育種法はその後の生産者たちに引きつがれ、アメリカのアボカド産業に多大な貢献をした。彼が用いた接ぎ木あるいは芽接ぎの技術は現在もいちばんよく使われている方法だ。作業に時間もかからず失敗も少ない方法であり、この方法で育てた木は種子から育てたものより早く実をつける。種子から育てたものの場合は、もとの木がどれほどいい実をつけていたとしてもそれと同じ遺伝形質が現れるかどうかは運まかせだ。現在では種子からアボカドの木を育てるのは研究を目的とする場合だけで、それ以外は世界中どこでもその場所に適した台木に生産者が選んだ栽培品種を芽接ぎする方法がとられている。

ペリンがもたらした品種のうち、トラップ種とポロック種は今も熱帯の湿潤な低地でひろく栽培されている。後にアメリカ合衆国最大のアボカド生産地になるカリフォルニアは、トラップ種の生育には必ずしも適してはいなかった。しかしトラップ種は非常に評判がよく、農学者ウィルソン・ポペノーは回想録に「私たちはサンディエゴからサンタバーバラまでの一帯で育てられる商品価値の高いアボカド、カリフォルニア・トラップを求めていた」と書いている。

カリフォルニアにアボカド生産が定着するまで、アメリカ国内で消費されるアボカドのほとんどはフロリダ産で、ニューヨーク、フィラデルフィア、ボルティモアのような東部の青果市場で取り引きされていた。現在ではフロリダでの生産はカリフォルニアよりずっと少ないが、フロリダ産のアボカドは今も東部の大規模市場に送られていて、そこではハス種以外のアボカドがほとんど手に

発芽したアボカド

ついたばかりのアボカドの実

入らない他の地域の市場とは違って多様なアボカドを見ることができる。現在、フロリダではアメリカ国内で生産されるアボカドの20パーセントが生産されているが、不動産開発業者がアボカドに適した農地を買いとっては宅地開発を進めているため、そのシェアは減りつつある。それでもフロリダにおける初期のアボカド栽培者の貢献があったからこそ、今のような生産の世界的拡大がもたらされたのである。

アボカドのような商品価値の高い植物をメキシコ以北にもたらしたのは、メキシコから北に向かって進出し、現在の南カリフォルニアに定住したスペイン人だろうと思う人があるかもしれない。しかしそのような事実は証明されていない。1769年にフランシスコ会の修道士が当時アルタ・カリフォルニアと呼ばれていたスペイン人入植地に伝道所を設け、19世紀半ばまでそこの教会に常駐していた記録は残っている。しかしスペイン人にはアボカドに催淫作用があると信じる向きもあったので、善良な修道士たちは彼らの果樹園にアボカドの木は植えなかったはずだという説もある。理由はともかく、その100年後までカリフォルニアでアボカドが見られることはなかった。

◉カリフォルニアへの到達

記録によれば、カリフォルニアでアボカドが最初に栽培されたのはサンガブリエルの医師トマス・ホワイトの農園で、1856年のことだった。ホワイトは1854年に設立された民間団体カリフォルニア農業組合の会員だった。そしてこの団体は、1919年に州政府が食糧および農業局を創設するまでは、事実上カリフォルニアの農業をとりしきる評議会だった。ホワイトの苗木はニカラグア産の西インド諸島種［湿潤な低地に適した種］だったらしく、カリフォルニアの乾燥した環境では望ましい結果が得られなかった。しかし1871年、R・B・オード判事が中央メキシコから寒さに強い苗の見本をいくらか取りよせ、そのうちの2本がサンタバーバラにある彼の農園でうまく成長し、たくさんの果実をつけた。これがカリフォルニアにおける現代のアボカド生産の始まりである。

アボカドは栽培当初から生産者に高い収益をもたらした。1905年の報告によれば、カリフォルニアでは1個30～50セントで売られていたという。同じ年のアメリカの労働者の平均賃金が時給22セントだったから、アボカドはずいぶん高級な食べ物だったことになる。ほぼ同じ頃、イギリスの農業および食品省は「アボカドナシ」はロンドンの市場で1個1シリング～1シリング3ペンスすると報告している。これは2019年なら約4ポンドということになる。当時のイギリスでもアボカドは裕福な人々しか口にできないぜいたく品だった。

アボカドはカリフォルニアの南部ではよく育ったようだが、1910年代まではアボカドを料理に使いたいシェフは、たいていメキシコから輸入しなければならなかった。いちばんよく使われた供給元はプエブラ市場だ。20世紀になって間もなくの頃のアメリカでいちばん早くアボカドを使い、その人気を高めたシェフのひとりは、ホテル「ロサンゼルス・アスレチック・クラブ」のシェフである。彼はメキシコから入手したアボカドのタネをとっておき、それを園芸家ウィリアム・ハートリッチに譲った。ハートリッチはそのタネから育てた苗木を、カリフォルニア州サンマリノにある鉄道王ヘンリー・ハンティントン邸の敷地内の果樹園に植えた。ハンティントン邸は現在、稀覯《きこう》本《ぼん》のコレクションで有名なハンティントン・ライブラリーとなっており、その敷地内の植物園にはかつての果樹園の名残が見られる。1913年、南カリフォルニアを「13年寒波」と呼ばれる大寒波がおそい、農業に壊滅的な打撃を与えた。アボカドはほぼ全滅したが、生き残ってなんとか育ったものの中にフエルテというアボカドがあった。これは新種を求めて探検の旅に出たカール・シュミットがメキシコのアトリスコから持ちこんだものだった。

20世紀初頭には南カリフォルニアでいくつかのアボカド育苗場が操業していた。特に有名だった

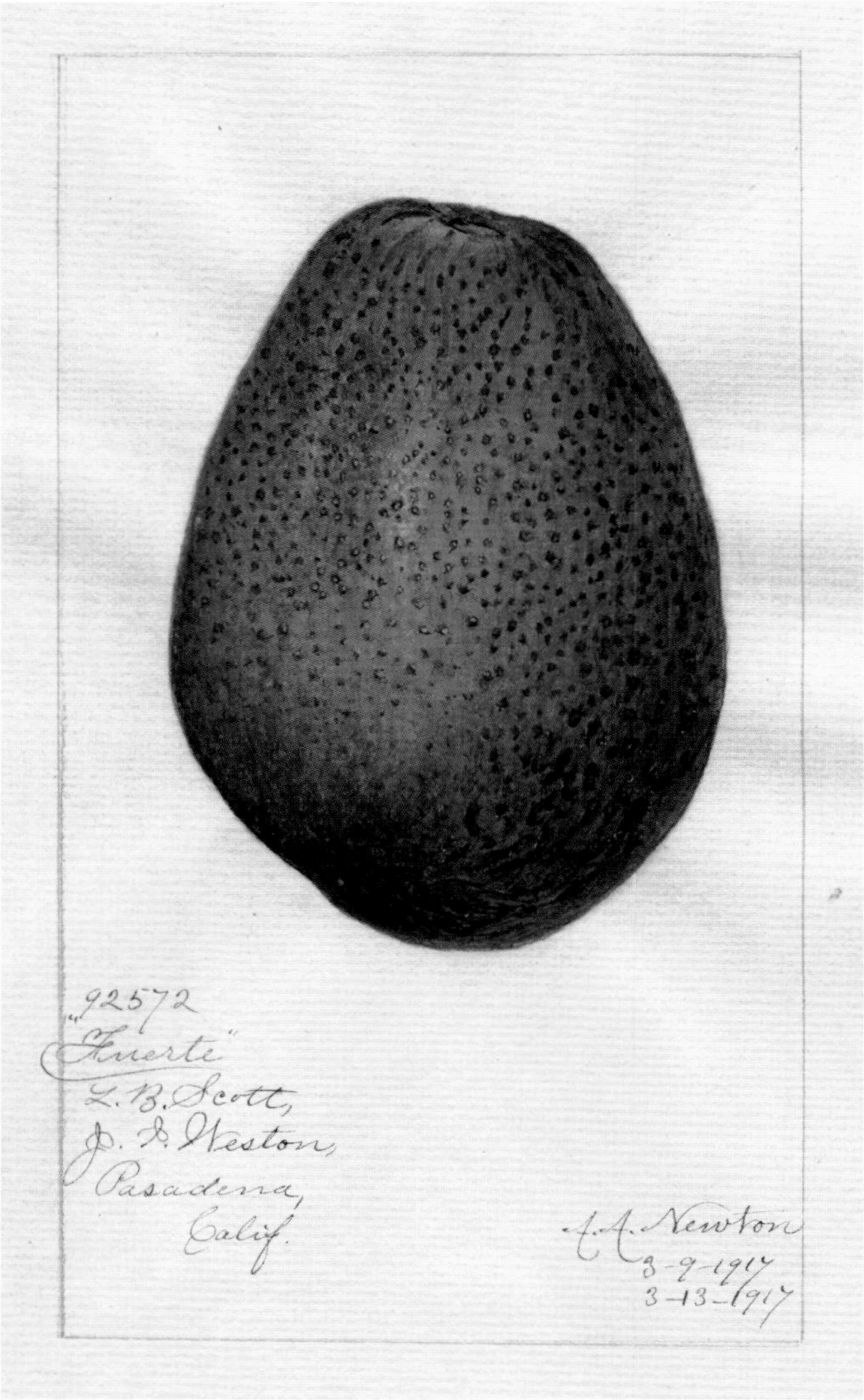

フエルテ種のアボカドの外観。アマンダ・アルミラ・ニュートン画（1917年）。

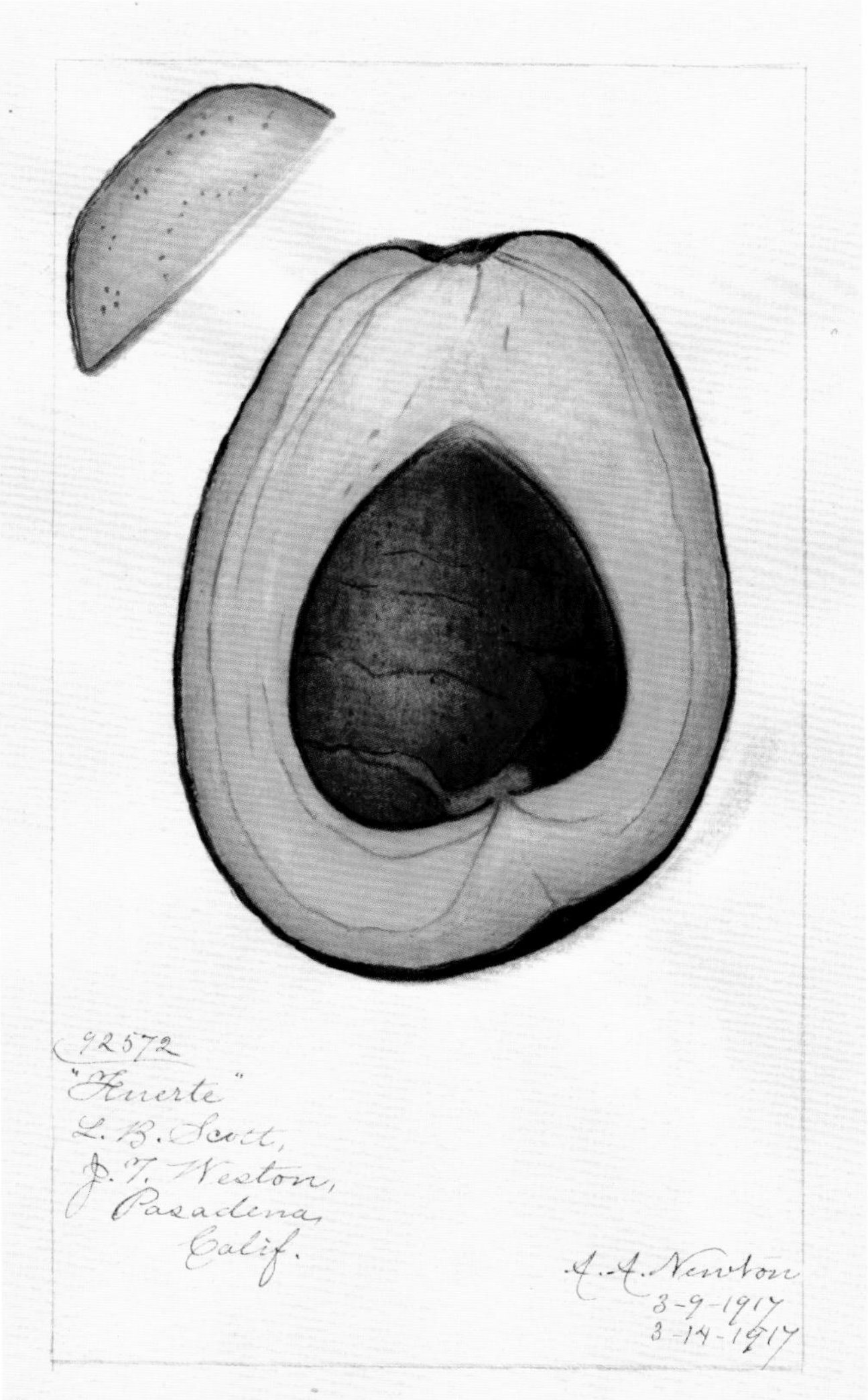

フエルテ種のアボカドの中。アマンダ・アルミラ・ニュートン画（1917年）。

のはアルタデナの「西インド育苗園」で、伝説的なアボカド生産者ウィルソン・ポペノーは、ここのオーナーである自分の父親のためにアボカドの芽接ぎをすることから、そのキャリアをスタートさせている。ポペノー父子はカリフォルニアにおけるアボカド生産には将来性があると信じていた。1911年、父親のポペノーは自分の息子と彼の育苗園で働いていたカール・シュミットのふたりを、南カリフォルニアの環境でよく生育する可能性のあるアボカドのサンプルを収集するために中央メキシコに派遣した。そのとき持ちかえったもののひとつが、のちのフエルテである。1913年の大寒波のときに強い耐寒性をしめしたこの木に、スペイン語で「強い」という意味をもつフエルテという名前がつけられたのだ。

◉成功したフエルテ栽培

1914年、果樹栽培家のジョン・ウィードンは注文したアボカドの木が寒波のために入手困難になり、しかたなくポペノーの育苗場から50本のフエルテを購入した。ウィードンはその苗木をカリフォルニア州ヨーバリンダの果樹園に植え、カリフォルニアにおけるフエルテ生産の第一歩を踏みだした。ウィードンはフエルテの生産で大きな利益を得た。フエルテ種のアボカドは多くのシェフに気に入られ、ロサンゼルスやサンフランシスコのホテルは1ダース12ドルという高値でかたっぱしからウィードンのアボカドを買い入れた（これは2019年の価値に換算すれば1個8ドルぐらいになる）。果実の品質と木の耐寒性が評判になり、接ぎ木用の穂枝が1本あたり2ドル50セントで売れたので、ウィードンはそれを売るだけで年間６０００ドルの収益をあげることができた。

１９４０年にはフエルテがカリフォルニアにおけるアボカド生産の75パーセントを占めるようになっていた。フエルテはカリフォルニアでビジネスとして成功した最初の栽培品種であり、最高のアボカドという地位を長いあいだ維持した。フエルテは急速に世界中に広まり、地中海諸国や南半球の国々でもアボカド生産が始まった。それらの国々のアボカド産業では今もフエルテが重要な位置を占めている。フエルテは今ではカリフォルニア州で生産されるアボカドのわずか２パーセントほどを占めるにすぎないが、稀少価値のある高級品と見られている。

◉ハス種誕生

世界的に見ればフエルテは今もアボカド産業の重要な一部だが、カリフォルニアとメキシコではほとんどハス種にとって代わられた。今では世界市場で取引されるアボカドの大半をハス種が占めている。このハス種はメキシコ種とグアテマラ種の偶然の交配によって生まれたもので、発見したのはカリフォルニアのラ・ハブラ・ハイツで郵便配達をしていたルドルフ・ハスである。

１９２６年、ハスはグアテマラ種の変種であるライアン種を育てようと考え、その芽接ぎの台木にするためにアボカドのタネを３つ植えた。育った3本の台木のうち２本は芽接ぎに成功したが、

アボカドの果樹園。カリフォルニア州サンディエゴ。20世紀初頭。

1本は芽接ぎができなかった。ハスはその木を放置しておいたが、木は成長を続けた。何回か途中から切ったのだが、それでもまた大きくなるのだ。ハスは果樹の芽接ぎの専門家であるコーキンズ招いて自分が芽接ぎした木を見てもらい、ついでに失敗した台木を引きとってくれないかと相談した。コーキンズはそれほど強い生命力をもつ木ならそのまま育てたほうがいいと助言した。やがてその木はゴツゴツした外皮をもつ奇妙な果実をひとつつけ、その外皮は熟すにつれて黒紫色になった。当時もっとも人気のあったフエルテ種の皮はなめらかで、色は緑色のまま変わらなかったから、この新しい果実はあまり売れそうには見えなかった。

ハスはその木にあまり興味がなかったが、彼の子供たちはそのめずらしいアボカドに大いに関心をもった。ある日、子供にせがまれたハスがその実をとって食べてみると、その果肉はとてもクリーミーな舌ざわりと

「ライアン」種のアボカド。メアリー・デイジー・アーノルド画（1917年)。ルドルフ・ハスはこれを育てようとしていたときにハス種を偶然見つけた。

ナッツのような魅力的な風味をもっていた。木はさらに大きくなり、家族だけでは食べきれないほどの数の実をつけたので、郵便局の同僚に売ったり、パサデナのモーデル食料品店に卸したり、自分の果樹園に作った屋台で売ったりした。彼の作ったアボカドは少しずつ評判が高まり、ついにはカリフォルニア州の共進会で一等賞をとるまでになった。このアボカドは油分が多く（18パーセント）、実が長いあいだ枝にとどまっているので収穫期間が長いという長所があった。そうしたことと独特のナッツのような風味があいまって、やがては他の生産者たちも興味をもつようになった。

ルドルフ・ハスは1935年に彼のアボカドの木の特許（特許番号139）を取得した。これはアメリカで植物に与えられた最初の特許だ。そしてカリフォルニア州ヴェンチュラのブロコー育苗場と提携して新しい木の接ぎ穂を売りだした。ハスは今や世界でいちばんよく知られた品種になっているが、ハス自身が生涯に得た特許使用料はわずか5000ドルにすぎなかった。なぜなら生産者たちは苗を1本買ったらあとは自分で接ぎ木して増やし、特許料の支払いをのがれたからだ。ハスは生活のために郵便局で働き続け、1952年に60歳で死去した。それは彼の特許の有効期限が切れた年でもあった。

ハスがアボカドを育てたラ・ハブラ・ハイツの果樹園の跡地は宅地開発のために区画整理されたが、ハス種のもとになった最初の木はその分譲地の前庭に残された。しかし2002年、根腐れをおこしてついに枯れてしまった。切り倒された木は材木となってブロコー育苗場に保管され、アボカド産業に貢献した人物を顕彰するための記念銘板を作るのに使われている。

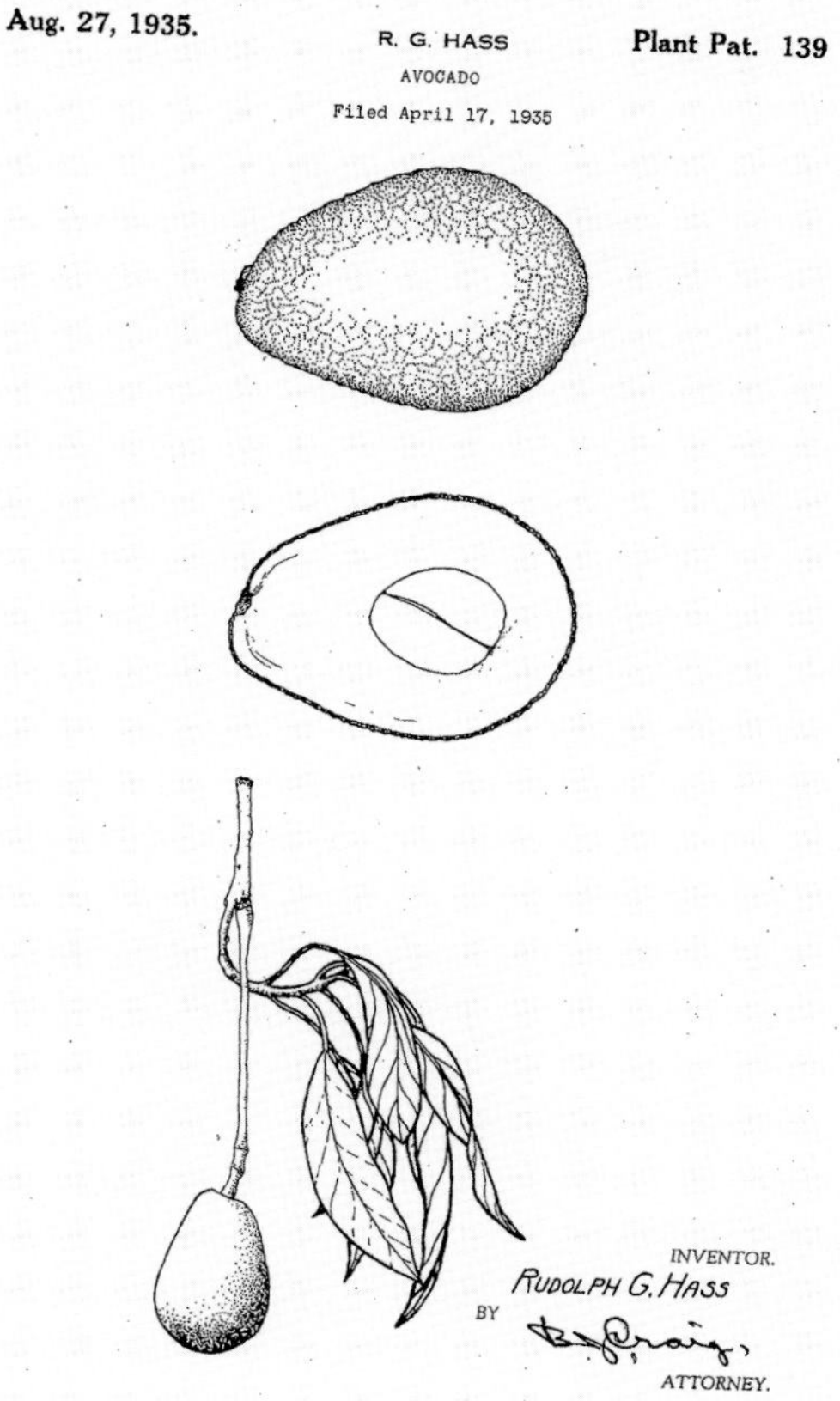

ハス種の特許。1955年８月27日付。

◉まずは名前を決めよう

カリフォルニア州のアボカド生産者たちは1915年に、このユニークな果実の「栽培、生産、販売を促進する」ためにカリフォルニア・アワカテ協会を設立した。しかし当初は販売や配送の仕組みもととのっておらず、無駄が多かった。そこで同年、協会はロサンゼルスに新しくできた豪華なホテル、アレクサンドリアで会合を開くことにした。当時このホテルは、生まれたばかりの映画産業の若きスターたちが集まる場所でもあった。チャーリー・チャップリンは一時このホテルに住んでいたし、ダイニングルームではチャップリンとともに映画会社ユナイテッド・アーティスツ社を設立したダグラス・フェアバンクス、メアリー・ピックフォード、D・W・グリフィスらがしばしば会合をした。西部劇のスター、トム・ミックスがロビーまで馬に乗って現れたという逸話も残っている。

協会が最初に取りくんだ議題は、生産者が販売のさいに統一して使うようにこの果実の名称を定めることだった。それまでアボカドは「アワカテ（aguacate または ahuacate）」「ワニナシ（アリゲーター・ペアー）」などいくつもの名称で売られていて、それが販売の支障になっていると考えられたのだ。はじめ生産者はメキシコで使われていたアワカテが最適だと考えていたが、販売する側は当時のアメリカの人種的な背景を考えるとメキシコ起源の名前は不適当だと主張した。その名前では買い手があまり裕福でないヒスパニックの人々に限定されがちで、生産者が望むような高い収益が期待できない、アワカテでは南カリフォルニアではあまり好意的に見られていないヒスパニック系のマイノリティーとの結びつきが連想されてまずい、という理由からだった。

いっぽう生産者側はワニナシという呼び名はあまりに田舎っぽく粗野な感じがして、上流階級向けの高級品という彼らがめざすイメージに合わないと毛嫌いしていた。ある会合ではワニナシという名称を使った会員には罰金を課そうという動議が出されたほどだ。その後生産者組合は卸業者と販売業者に向けて、なぜ「高貴な月桂樹と同属のアボカドがワニナシなぞという名称でよばれなければならないのか」との意見書を出している。意見書はさらに「まったく理解できない。実際にはアボカドに1匹のワニとも、2匹のワニとも似たところはひとつもない。どんなワニもナシと似たところはまったくない。ワニナシなどという呼び名はアボカド産業を破壊してしまう」と続けていた。

20世紀初頭、アメリカではワニを意味するアリゲーターという言葉は悪人をさす隠語だった。泥棒はアリゲーターだった。黒人が演奏するジャズクラブへ行ってアフリカ系アメリカ人奏者のテクニックを盗もうとする白人はアリゲーターと呼ばれた。アボカドを高級品として売り出したい業者から見れば、悪人や泥棒を連想させる呼び名を使われてはイメージが台無しになる。これもまた生産者がワニナシ（アリゲーター・ペアー）という名称に断固反対する理由のひとつだった。

「アボカド」という名称を最初に採用したのはアメリカ合衆国農務省と、アメリカの果実産業を育成するため1848年に設立されたアメリカ果樹園芸協会だった。1915年にホテル・アレクサンドリアで会議を開いた生産者たちは、アボカドならそれほど「メキシコっぽい」こともなく、アワカテやアワカトルといった名称よりは北米風だという理由でこの名称に決めたという。20世紀初頭の辞書の多くには「アボカド」という単語は載っていなかったので、カリフォルニア・アボカド協会と名を変えた業界団体の最初の仕事のひとつは、辞書の次の版には「アボカド」という単語を入れてほしい、ただし複数形は avocadoes ではなく e のない avocados にしてくれと出版社にかけあうことだった。

◉キャンペーン開始

アボカドを出荷するための初の団体として1924年に設立されたアボカド生産者組合は、カリフォルニア州ヴァーノンに倉庫と出荷作業場を置き、1926年には組合員のアボカドにキャラボ（Calavo）の商標をつけて売りはじめた。さらに1927年には組合の正式名称をキャラボ・グロワーズ（Calavo Growers）に変更した。現在ではキャラボ・グロワーズは約2600もの生産者が加盟する南カリフォルニア地区最大の団体となっており、おそらくアボカド業界最大の民間団体である。

キャラボ・グロワーズは最初からヴォーグ、ニューヨーカー、ヴァニティ・フェアといったその時代を代表する豪華雑誌に広告を掲載し、国中のフードライターにアボカドを使ったレシピを送っ

アボカドの箱詰め工場。カリフォルニア。1960年頃。

て宣伝した。時代は洗練された料理を求めており、アボカドは異国風のエレガントな食材と位置づけられた。ただしアボカドのエスニックな側面は目立たないようにされた。そこに注目が集まるのは1960年代、70年代になってメキシコ料理の人気がアメリカ中に広がってからである。メキシコ料理が注目を浴びるまで、アボカドはラテンアメリカ料理を好む人々が住む一部の地域で消費されるだけだった。

1970年代のアメリカでは、カリフォルニア・キュイジーヌの人気も高まりつつあった。このカリフォルニア風の新しい料理のブームを牽引していたのは1971年にカリフォルニア州バークレーにレストラン「シェ・パニース」を開いたアリス・ウォータースである。多くのシェフが彼女に続き、やがてカリフォルニアは「農家からテーブルへ farm-to-table」運動の中心地となる。地元にある野菜や果物を使って料理に特色を出したいシェフたちにとってアボカドは絶好の食材であり、ついにはカリフォルニア・キュイジーヌを代表するものとなった。こうしてアボカドはシェフの創造力がおもむくままに、サンドイッチやサラダをはじめさまざまな料理に登場するようになったのだ。

同じ頃、鮨もカリフォルニアの日本人社会という狭い枠の外へ出はじめていた。アボカドは鮨人気が高まってきた当初から好まれていたネタだ。始まりは、鮨ネタとして人気のある脂《あぶら》がのったマグロのトロや大トロが、アメリカやカナダでは入手しにくいという問題があったことだ。それらの一級品は日本で高値で買われてしまう。そこでチャレンジ精神の旺盛なある鮨シェフが、バターに似た食感をもつアボカドならあまり手に入らないトロや大トロのかわりに使えるだろうと考えたわけである。こうして彼はアボカドとカニかまぼこを巻き鮨に入れるカリフォルニアロールを考案した（実際に考案されたのはカナダのブリティッシュ・コロンビア州だったが、そのシェフはバンクーバー・ロールよりカリフォルニアロールという名前のほうがクールだと思ったのだろう）。カリフォルニアロールは大ヒットし、今では鮨店の人気メニューになっている。

時代は前後するが、1920年代の南カリフォルニアで土地ブームが起こった要因のひとつに、当時アボカドが非常に高価だったこともあげられる。不動産業者は、引退したら南カリフォルニアに土地を買って引っ越そう、そうすれば2、3年のうちにアボカド長者になれる、と宣伝していた。あるパンフレットは「アボカドはデザートやオードブルに食べるだけのものではありません。あな

カリフォルニアロール。カニかまぼことアボカドを使った人気のある巻き鮨。

たを驚くほど元気にして若返らせる効果があるのです」とうたい、また別のパンフレットは、アボカドを育てれば「鈴なりの『緑の黄金』から得られる健康という遺産を、お子さんたちに残すことができます」と訴えていた。1924年に印刷されたあるパンフレットは1エーカー［約4000平方メートル］のアボカド果樹園がもたらす収益を見積もり、「この先1940年まで楽に生活できます」と書いている。

1930年代の大恐慌の前までは農業がカリフォルニア経済を支える中心産業だったから、その農産物をアメリカ中の家庭やレストランのキッチンに売りこもうと、カリフォルニアは州をあげて大変な努力をしていた。近年の健康的な食事を志向する動きは、南カリフォルニアをミルクとハチミツの新天地としてはやし立てた不動産業者と食品業者の1920年代の宣伝活動に端を発していたのである。

食品に含まれるビタミンなどの健康によい物質の研究は、19世紀末から20世紀初頭にかけてのあいだに頂点に達した。公衆衛生や栄養といった住民の健康に関係する分野の研究も進んだ。関連する出版物も増え、人々の関心を引いた。正しい食事をすれば誰でもきっと健康になる。もしパンフレットの言葉どおりだとしたら、南カリフォルニアの気候と農産物は、健康問題に悩むアメリカの大衆が必要としていた治療薬だったのだろう。

第2章◉アボカドの栽培

◉アボカドの植物学

西洋のほとんどの国ではアボカドを野菜としてあつかっているが、植物学に見れば果実、つまり果物だ。果実は花の子房が成熟して多肉質になったもので、ひとつかそれ以上の種子をもつ。ほとんどの果実は甘味か酸味があるのに対しアボカドにはどちらもないから、その点では異質である。さらに、アボカドはタンパク質と脂肪を多く含む。

果実には乾燥したものと多肉質のものがある。ナッツやマメ類は乾燥した果実だ。アボカドは多肉質である。多肉質の果実は核果《かくか》（石果《せきか》ともいい、硬い内果皮をもつ。ウメ、モモなど）と液果《えきか》「薄い外果皮の中に水分の多い果肉があり、その中にやや硬い種子がある。ブドウ、キウイフルーツなど」に分かれる。アボカドは厳密に言えば核果の定義にあてはまるが、内果皮が「石のように硬いわけで」

アボカドの花

はなくその厚みが2ミリもないことを理由に、ほとんどの植物学者は液果に分類している。したがってアボカドは種子がひとつだけの液果ということになる。

アボカドの繁殖のしかたは植物の中でもとりわけ複雑だ。アボカドの花は雌しべと雄しべの両方をそなえた両性花だが、木の種類によって開花パターンが異なる。開花パターンにはAタイプとBタイプがあり、Aタイプは1日目の午前中は雌花として開き、翌日の午後に雄花として開く。Bタイプは1日目の午後に雌花として開き、翌日の午前中に雄花として開く。したがって同じタイプの木ばかりがならんでいると自然受粉の可能性が低くなり、AタイプとBタイプを混ぜて植えておかなければ多くの収穫は望めないことになる。カリフォルニアで栽培されるアボカドの90パーセント、それ以外の地域でも85パーセントはハス種であることを考えると、果樹園である日咲いたアボカドが全部雄花だけ、あるいは雌花だけということも起こりうる。それでは活発な受粉は期待できない。

アボカドの繁殖をさらに難しくしているのは、その花が雌雄異熟であることだ。これはひとつの花の雌しべと雄しべが時期をずらして成熟することを意味する。果樹園にいくつかの種類の異なるアボカドを植えておけば、受粉しようとする雌しべに対して授粉可能な雄しべがたくさんあり、確実に受精、結実できる。しかしアボカド栽培の現状を見ると、果樹園には同じ遺伝子をもつハス種ばかりが植えられており、結実の可能性が低くなっている。アボカドの木が自家受粉できないわけではないが、ほとんどの生産者はそのチャンスを待っているだけでは生計が立たないから、確実に受粉するようさまざまな手段を講じている。

アボカドの木は、好ましい性質をもつ親木からとった芽を、育てる土地の土壌に合っていて病虫害や疫病菌による根腐れに抵抗力をもつ台木に接ぎ木して増やすことが多い。接ぎ木した苗木は普通は1年ほど苗木畑で育て、芽が定着したことを確認してから、果樹園をもつ生産者の手にわたる。

こうして育てられる苗木は、消費者に人気のあるハス種が圧倒的に多い。ほかのアボカドを売り場にならべても、脂肪分が豊富でかすかにナッツの風味があるハス種にかなうものはめったにない。ハス種は輸送によく耐え、1回か2回で食べきることができる大きさで、木の寿命が長いうえに簡単には実が落ちないので収穫できる期間も長い。しかも驚くほどサイズ、形、色にバラつきが少ない。エスクワイア誌は、ハス種をほかのアボカドを評価する基準となるアボカドのコカ・コーラだと評した。こうして見ると、しばらくはハス種が市場での現在の地位を他種にゆずるとは考えにくい。アボカドを輸出産業に育てたいと考える国は、ほかの種類には目もくれずにハス種を植えるだろう。

●そこなわれる遺伝子の多様性

現在アボカド産業が抱えている問題のひとつに、アボカドの遺伝子の多様性がそこなわれ、近親交配による弊害の可能性が高まっていることがある。アボカドは、すでにこれまでいくつかの農産物に見られたパターンと同じ道をたどっている。市場関係者はよく売れる商品を仕入れたがる。しかしある種類のものだけが特に好まれると、それ以外のもの——多くは限られた地域だけで昔から育てられ、愛されてきたもの——は栽培者が減り、消滅の危機にひんしたり完全に失われてしまったりする。世界中のアボカド生産者が、輸出を増やし収益を高めるために土地に適した種類からハス種にどんどん切りかえていけば、偶然から新しい種が生まれる可能性も少なくなり、遺伝子の多様性がそこなわれていく。

ハス種は今やメキシコでも広範に植えられているが、そもそもメキシコはさまざまな遺伝子をもつアボカドが存在する遺伝子の貯蔵庫のような場所なのだから、このままでは大変なことになるかもしれない。野生ではアボカドの遺伝子の多様性を存続させることが難しくなってきた今、最善の解決策は、農園経営者や植物学者がタネから育てたアボカドの遺伝子を大切に育てることかもしれない。

「地産地消」や「スローフード」などの運動も、その土地に合う栽培種の育成をうながすという意味で現在進行中の危機のスピードを落とす役にはたつかもしれない。しかし巨大化したアボカド産業は、消費者にここまで人気のあるハス種とは異なる特徴をもつものに投資するのをためらっているから、そうした運動もなかなか効果が出ない。ハス種以外のほとんどのアボカドは熟しても緑色のままだが、ハス種になじんだ消費者にとってアボカドとは、食べ頃になれば黒っぽくなるものだ。

とはいえこの程度の問題は乗り越えられないこともない。過去にはアメリカの食料品店にならぶリンゴがほとんどすべてレッド・デリシャスかゴールデン・デリシャスだった時代があった。しかし今ではほとんどの店に常時10～20種類のリンゴがあり、異なる特徴をもつリンゴのそれぞれにちゃんと買い手がついている。

アボカドには500以上の品種が確認されているが、市場で販売するために栽培されているのはそのうちのごく少数で、その少数の中でもハス種だけが圧倒的な比率をしめている。個々の品種のくわしい系統についてはほとんどわかっていない。現代の遺伝子解析技術では、ある栽培品種が3種（西インド諸島種を入れるかどうかによって2種だと言う人もいるが）の品種のどの系統に

ハス種のアボカドの3段階の熟成度。左から順にまだ若い緑のもの、熟成しつつあるもの、完全に熟してすぐ食べられるもの。

花ざかりのアボカド農園（カリフォルニア）

実生の苗

属するかはわかるが、それ以上のことはほとんどわからない。

カリフォルニア大学エクステンション・サービスの研究者たちは「現在のさまざまな栽培品種をすっきりとした系統図にあてはめられると考えること自体がとてつもなく楽観的なことだ。実生《みしょう》の苗［接ぎ木などではなく種子から育てた苗］のひとつひとつが親木のゲノムから変異しているのだから。多くの農産物と異なり、今あるアボカドの栽培品種にはさまざまな遺伝子がごちゃまぜになっていて、同じものを作ることは難しくなってしまっている」と言う。

現在の育種研究では、実生のアボカドの苗の約99パーセントは売り物になりそうもないという理由で捨てられ、残った1パーセントのほとんども、さらにテストされ、ふるい落とされる。それでも残ったほんのわずかの木だけが、可能性ありとして研究対象にされる。そこまでして新しい大ヒット作を、つまり次なるハス種を生みだそうと研究が続けられている。

カリフォルニア大学リバーサイド校でアボカド育種プログラムを指揮するメアリー・ルー・アーパイアは、新しい形、大きさ、風味をもつアボカドの試食会を開いては、現代のアボカド生産者が直面している環境上および地理上の問題を克服でき、なおかつハス種だけがおいしいアボカドだと信じさせられてきた消費者にも気に入るような新種を見つけようと努力している。

遺伝子組み換え技術は、アボカドの未来を切りひらくかもしれない。商品として成功するためには、アボカドは生産者と購入者がともに望むような特徴をそなえる必要があるからだ。味がよいだけでなく、望ましい食感、色、保存性をそなえ、さらには出荷用に梱包する機械にかけられても傷

霜の被害を受けたアボカド農園（イスラエル）

まず、長距離の輸送にも耐えられなければならない。多くの農産物と同様、アボカドにとっても最大の危険は病虫害だ。世界中で育てられているハス種は、昆虫が媒介するフザリウム菌による凋枯症《ちょうこしょう》にかかりやすい。これにかかった木は枝が先から根元に向かってどんどん枯れ、実ができなくなる。フエルテ種のように枝枯れを起こしにくい種の遺伝子とハス種の食感や熟成のしかたをする種の遺伝子を組みあわせれば、消費者好みの味や食感をもち、病虫害に強い変種が見つけられるかもしれない。

◉アボカドの栽培管理

果樹園にいったん根付けば、アボカドは大量の果実をもたらしてくれる。成木の果樹園なら、普通の年で1エーカー［約4000平方メートル］あたり2720キロの収穫がある。さまざまな条件がすべて良好だったら、それが5440キロにもなる。健康な1本のアボカドの木は1シーズンに4000

個もの実をもたらす。土地と気候の条件が最適ならばアボカドはよく育ち、多くの実りをもたらす。だがアボカドは温度と湿度に関しては気難しい。霜がおりるほど気温が下がる場所ではいけないし、その木にとってちょうどいい湿度がなければならない。大きな実をたくさんつけるためには多くの水を必要とするが、根腐れのおそれがあるから必要以上の水はすみやかに排出しなければならない。

灌漑が行われている場所では、アボカドの木1本あたり毎週1700リットルの水が必要だ。しかも重要なのは水の量だけではない。アボカドは水の質に関してもスーパーモデルなみのこだわりがある。メキシコ種とグアテマラ種は塩分が含まれた水を嫌う。それに対して西インド諸島種はそれほど塩分の影響を受けないので、アボカド栽培の将来をになうことになるかもしれない。というのも、カリフォルニアやオーストラリア、ニュージーランド、地中海沿岸などの主要産地では大規模な灌漑を行っているせいで水の塩分濃度が高くなっているからだ。

気温も栽培における重要な要素だ。気温が氷点付近まで下がって霜がおりれば、果実だけでなく木にも被害が出る。そこまで冷えこまなくても、一定の温度まで下がると実を落としてしまう種類が多い。カリフォルニアで最初に広く栽培されるようになったのはフエルテ種だが、その理由はいちばん寒さに強い種だったからだ。ハス種がフエルテ種にとってかわってここまで広まった理由のひとつには、フエルテ種ほどではないにしてもある程度は寒さに強いことがあげられる。

風が問題になることもある。風が強すぎて果樹園の湿度が下がるのはアボカドの木にとって有害だ。特に開花と受粉の時期には、果樹園にはある程度の湿度が必要である。カリフォルニアのサン

アボカドの幼木（カリフォルニア）

タアナやイスラエルのシャラーブ、南アフリカの海岸地方に吹く山風のような熱風はアボカドの名産地の湿度を下げて果樹園に大きな被害を与えることがある。アボカドの木は比較的もろく、強風によって簡単に折れてしまうこともある。

●収穫と熟成

アボカドはバナナやナシやトマトのようによく熟してから食べる果実だ。その実は木についたままでも熟していくが、収穫してから熟させるほうが好ましい。木から落ちた果実は地面の上で熟し、傷んでしまうからだ。そこで、十分に成長したがまだ熟しきっていない段階で収穫することになる。収穫後の熟成の度合いは比重または脂肪分を測定して判断する。商品とするのに最適な比重は0・96とされている。脂肪の含有量は品種によって異なるが、多く

農園で成熟していくアボカド

の場合5～15パーセントが望ましい。

生産者から見てアボカドが他の果樹よりすぐれている点のひとつに、果実が十分成長したあとも何週間か木から落ちずにとどまっていることがあげられる。そのおかげで一度に全部収穫しないで、何日か間隔をあけて収穫作業をすることができるのだ。今もほとんど手で摘みとっている生産者としては、過重な労働が避けられることはありがたいだろう。だがそうは言っても、あまりに長く木にぶら下げておいた果実は筋ばってきたりゴムのような食感になったりして、消費者に嫌われる。そうなってしまった果実は加工業者に送られ、ワカモレなどの加工食品にするしかない。さらに、極端に収穫が遅れてしまった木は翌年あまりよく実をつけないので、生産者はできるだけ迅速に摘みとる努力をしている。

アボカドは冷蔵しておけばかなり日持ちするが、いったん常温にもどせばすぐに熟成が進む。これは果実を熟成させる酵素の代謝が高まるからだ。これがいったん始まると、未熟だった実が熟成し、熟成しすぎて腐るまでのプロセスがどんどん進む。アピール・サイエンシズ（Apeel Sciences）社は植物起源の保存用パウダーを水にときアボカドの表面にスプレーする方法で、表面を非常に薄くて半透性をもつフィルム（肉眼では見えない）でおおう保存法を開発した。このフィルムはアボカドの酵素が代謝に必要とする酸素を通さないことで熟成と腐敗の進行を遅らせることができる。この方法でアボカドを処理すれば流通や販売の過程で腐敗によるロスを少なくすることができ、さらには購入した消費者の台所でも長持ちさせることができる。

アボカドの果実は木についているかぎりは細胞分裂によって大きくなりつづける。ある時点までゆくと成長の速度は落ちるが、それでも大きくなる。アボカドは、受粉してから実となって成長するあいだに30万倍の大きさになるのである。ほとんどの販売業者は適度な大きさのものだけを好むから、生産者としても実が大きくなりすぎるのはうれしいことではない。しかしアボカドを自分たちの重要な食料源としている発展途上国の多くの小自作農にとっては、彼らのアボカドの実が品質をたもったまま長いあいだ木についてしだいに大きくなってくれるのはありがたいことだ。

ほとんどの品種の実は113グラムから1・8キロのあいだにおさまる。これまでで世界一の大きさになったアボカドの実はハワイで見つかったもので、3・6キロ以上あった。またアボカドはタネが大きいことで知られているが、そのタネは品種にもよるが1個の果実の重さの10～25パーセントをしめている。

◉カクテルアボカド

ごく最近になって登場したのがカクテルアボカドだ。イギリスのスーパーマーケット、マークス＆スペンサーなどでクリスマスシーズンだけ売られる、長さ5～8センチの細長い形。タネがなく、皮ごと全部食べられる。これは性的に未成熟で成長の過程で種子を作れなかったもの、つまりタネを作るはずの段階まで成長したところで成長が止まってしまったものだ。そのような実はアボカド業界ではキューク（キュウリのこと）と呼ばれ、商品価値のないものとして収穫のさいに捨てられていた。それが最近では熱心に拾い集めてカクテルアボカドと名づけられ、高値で売られている。

イギリスの新聞「インディペンデント」は、これは「アボカド・ハンド」事故を減らすひとつの方法になると報じた。「アボカド・ハンド」というのは、まな板を使わず手に持ったままアボカドを切ろうとして手まで切ってしまうことで、近年そのために病院の救急外来にとびこんでくる患者が増えている。「英国整形外科、形成外科および美容整形外科医協会」が注意をうながすラベルをアボカドにつけるよう求めたほどだ。この怪我のいちばん有名な犠牲者は女優メリル・ストリープで、彼女は2012年にニューヨークのアップルストアで開かれたあるパネル・ディスカッションで、アボカドのせいで怪我をした自分の手を見せびらかしている。

成長したアボカドの実は摘みとられ、販売業者の手にわたるまでできるだけ熟成が進まないよう4℃以下の温度にたもって出荷される。販売業者がそれを常温にもどせばふたたび熟成が始まる。

普通サイズのアボカドと種なしの小さなカクテルアボカド

販売業者、特に最終消費者を対象としている業者は「熟成室」をもうけてそこにエチレンガスを注入し、ちょうど食べ頃になるよう熟成を早める。レストランや家庭でアボカドを調理する場合は、たいてい購入したらすぐに使おうとするからだ。アボカドの食感――果肉のクリーミーな舌ざわりやオイリーな濃厚さ――は、熟したと判断したらすぐに摘みとったものが最高だ。そのタイミングで摘みとったものは硬さが残っているので、その後の処置や出荷作業に十分に耐えられるからだ。

◉アボカドと自然環境

メキシコ、ミチョアカン州の温帯林となだらかな丘陵が広がる一帯はアボカドのパラダイスだ。多孔質の火山性土壌から成る丘が続くこの美しい場所は、アボカドの栽培に最適だ。雨季の6か月間にたっぷり雨が降るので、果樹園はほとんど灌漑の必要がない。大きく広がったマツの自然林が、この地域全体のための巨大な二酸化炭素吸収源のはたらきをしている。起伏のある土地で伝統的な農業を行っているここは、小規模な自作農が生計をたてるには理想的な場所だ。少しずつ大規模になってきてはいるが、ここの平均的な果樹園はまだ小さく、多くは10ヘクタール以下である。アボカドの生産、集荷、出荷などの作業は、雇用が不安定になりがちなこの地域で30万人以上に職を提供している。

しかし天国にも問題はある。ミチョアカン州には、法律にしたがって登録され、監視下におかれているアボカド農園が約15万ヘクタールあるが、そのほかに無登録で監視の目が届かないアボカド農園が5万ヘクタールはあると見られている。近隣のハリスコ、コリマ、メキシコ、モレロスの各州にも無登録のアボカド農園がかなりある。メキシコ農畜水産農村開発食料省（SAGARPA）は国内の比較的貧しい地域の経済的発展のため、アボカド栽培を奨励する政策をとっている。しかしその結果として、予想外の環境問題が発生しているのだ。

もっとも深刻な問題のひとつに地下水への影響があげられる。新しく果樹園を作ろうとする農業従事者はマツの自然林を切りひらくことが多い。マツの木は地中からあまり水を吸いあげないので余った水は地下水脈に流れこむが、アボカドの木はマツと異なり根元にある水をほとんど全部吸いあげてしまう性質がある（アボカドの成木は1本で松の木14本分の水を使ってしまうほどだ）。そのため地下水の枯渇という悪影響が生じ、アボカド栽培によって近隣で飲用や灌漑用の井戸の水位が下がっている。たとえば、以前は一年中流れていた小川が、今は雨季しか流れなくなってしまうというものだ。このように常緑針葉樹林が落葉樹林に変わると、その地域の局地的な気候パターンが変化する。かつては雨季の6か月間を通して平均的に雨が降っていたのに、今では6～8月の夏のあいだに集中して降るようになったりする。

アメリカ人の尽きることのないアボカド愛は、北米大陸で渡り鳥のように長距離を移動するアゲハチョウの仲間、オオカバマダラの個体数の激減にも関係しているようだ。オオカバマダラは毎年冬が近づくとカナダからアメリカを通ってはるばるメキシコのミチョアカン州やゲレロ州まで数千

越冬するオオカバマダラ

キロも飛んできて、モミの木の一種オヤメルの木にとまって越冬する。この地域のマツやカシの森はオオカバマダラが越冬するための餌を提供する。そうした森がどんどんアボカド農園になることで、この驚くべきチョウの餌が減ってしまったのだ。メキシコ政府はマツとカシの森林地帯8万ヘクタールをオオカバマダラの保護区に指定しているもののあまり効力はなく、アボカド農園が保護区に入りこむことが続いている。ただし近年はオオカバマダラが観光客の注目を集めるようになってきているので、違法なアボカド農園に保護区が完全に侵略されることは防げるかもしれない。

環境保護団体のグリーンピース・メキシコはミチョアカン州の現状について、「森林の縮小や地下水の減少などの問題だけでなく、アボカド農園で使用される農薬の問題や、収穫した実の箱詰めや出荷に使うために大量の木材を消費しているという問題も、この地域の環境とここで暮らす住人や動植物の健康に悪影響を与えている可能性がある」という声明を出している。直接の関係が証明されているわけではないが、メキシコのアボカド生産地におけるがん患者の発生率があがっており、アボカド農園に近い学校の子供たちに肺や胃の不調が見られるという報告もあって、農薬など化学物質の使用との関連が疑われることが多い。

アボカドを植えるための土地を確保する方法にも問題がある。メキシコ政府の担当者は、この地域で起こる森林火災の40パーセントはアボカド農園にするためにマツ林を焼きはらったことが原因だと見ている。アボカドを植えるために毎年2万ヘクタールずつ自然林が消滅しているのだ。アボカド農園で働く労働者を確保するため、かつては森林だったところに多くの小さな町が作られたことも自然破壊につながったとされている。

◉水問題

昔からアーモンドは栽培に大量の水を必要とする農産物の代表格とされてきたが、果実500グラムあたりで比較すればアボカドもほぼ同じくらいの水を必要とする。アボカドを1個作るためには平均してバスタブひとつ分の水が必要だ。イギリスで消費されるアボカド全体で見れば、収穫までにオリンピックの水泳競技で使うようなプール1万2000個分もの水が使われているのだ。しかしミチョアカンならアボカド500グラムあたり113リットルの水で足りる。灌漑用の水はほとんど必要ない。カリフォルニアではアボカド５００グラムあたり２８４リットルの水が必要だ。灌漑用水のほとんどは近隣のさまざまな地域から引いてくるのだが、そのため各地で水不足を起こしている。最近生産量が増えているチリでは５００グラムあたり３７８リットルの水を使うが、そのほとんどすべてが灌漑用水でまかなわれている。

そこで近年の世界的傾向として、アボカド生産地は比較的湿潤で灌漑用水の必要が少ない地域に移行している。カリフォルニアではアボカド生産をやめ、それほど水を必要としないイチゴやブドウなどの栽培に切りかえる生産者が増えている。アボカドの生産地は、栽培に必要な水のほとんどをまかなえるだけの降水量があり、果実５００グラムあたり平均94リットルほどの灌漑用水で足りるインドネシア、ケニア、ジンバブエなどに移ってきた。

アボカド生産に使われる水の問題が特に深刻なのは、近年輸出量が増えているチリだ。チリでは地下水は公共のものとされているが、大規模なアボカド農園があまりにも多くの地下水を使うため、近隣の農家は農地を維持できなくなっている。チリでアボカドを生産するには大量の灌漑用水が必要だ。チリの主要な生産地は乾燥地帯であり、メキシコやドミニカ共和国と比べるとほぼ3倍の量の灌漑用水が使われている。

チリでは水泥棒が横行している。これはピノチェト政権（１９７３～90年）時代からの負の遺産で、地下水の分配に関する法規制がほとんどないに等しいからだ。ピノチェト時代には大地主は地下水を好き放題に使うことができた。アボカドの農園主が灌漑用に深い井戸を掘ると、近隣の小規模自作農の井戸が枯れたり小川が干上がったりしてしまうのだ。そうした地域の自作農を支援する活動家たちは、かつては繁栄していた農業地帯だった場所が、アボカド生産に関わる労働者以外の住人がいなくなった今は「死の谷」になってしまったと語る。

チリ議会では地下水の枯渇をくいとめるための法案が提出されているが、大地主たちの反対で成立にはいたっていない。アボカド農園主や大地主側は、解決策として大規模な貯水池を建設して取水量を増やすことを提案している。チリには国家灌漑委員会というものが存在するが、この組織は灌漑用の井戸の水の流れを監視する有効な手段をもっていない。水の公平配分を求める活動家は、チリのすべての水源を国営化するべきだと主張している。しかしアボカドなどの農産物の出荷、販売、輸出のすべてを支配している地主や大企業は今も強い政治的影響力をもっているので、彼らの主張は簡単には通りそうもない。

アボカド栽培に要する水の量を減らすひとつの手段として、かねてから遺伝子組み換え技術が提案されている。水が少なくても、水の塩分濃度が高くても生育できるアボカドを開発すればいい、というわけだ。しかしこの方法はアボカド業界にとって諸刃の剣になりかねない。アボカドはヘルシーさもひとつのセールスポイントだからだ。健康志向の強い消費者は生産者の顔が見える安全な食品や有機栽培の食品を求めており、遺伝子組み換え食品などはもってのほかだと考えている。そのような人々はすでに試験的に市場に出まわっている遺伝子組み換え食品の許容範囲であっても、遺伝子組み換えアボカドには手を出さないだろう。

◉アボカドと気候変動

輸出されたアボカドのほとんどは原産国から遠く離れた場所で消費される。酸素にふれると熟成が進む性質があるため、ほとんどの場合アボカドは空輸される。イギリスはニュージーランド産アボカドの一大消費国だが、環境団体の試算によれば、イギリスで売られているアボカド1個あたり1トン半の二酸化炭素を排出しているという。

アボカド産業は気候変動あるいは地球温暖化による問題にも直面せざるをえない。栽培地域の気温がいちじるしく上昇すれば、アボカドはまた簡単には手の届かない高級食材になるだろう。カリフォルニア州にあるローレンス・リバモア国立研究所（合衆国エネルギー省所管）の研究員は、生産地の気温が少し上昇するだけでもアボカドの収穫は40パーセントほど減少するだろうと予想している。この問題は、オーストラリアのようにすでにアボカドにとって上限に近い気温のもとで栽培している地域では特に深刻だ。メルボルン郊外のモーニングトン半島はアボカドの一大生産地だが、すでに熱波の襲来を受けて収穫できなかったシーズンを何度か経験している。

◉明るいきざし

だがそのような状況下でも、アボカド生産の継続にとって明るいきざしはいくつか見られる。南

ウガンダのアボカド売り

米の中でもペルーは有力な輸出国になっている。肥沃な砂地をもちアンデス山脈からの安定した水の供給があり、ほぼ理想に近い気候のペルーはアボカド栽培に最適な地であり、アボカド生産を持続的に行おうとする努力が始まっている。持続可能性についてももっとも厳格な姿勢をとっているのはイスラエルだ。ここでは配水管などの装置を使う点滴灌漑をはじめ、あらゆる環境に配慮した方法でアボカドが生産されている。

メキシコのミチョアカン州では、アメリカとイギリスに本拠をおき発展途上国の小規模な農家が生産するカカオやコーヒーを適正な価格で買いとっているフェアトレード団体「イコール・エクスチェンジ」が、アボカド・プロジェクトを進めている。その内容は、有機農法でアボカドを育てる小規模な農家が集まってPRAGORというグループを作り、それぞれが生産したアボカドを共同で集荷して市場に出すというものだ。

オーガニックな果物を求める動きはアボカドにもおよび、有機農法でアボカドを育てるところも増えてきた。メキシコでもカリフォルニアでもオーガニックをうたう品が増えている。メキシコでは環境に配慮した栽培をめざす農家の人々が養豚とアボカド栽培を組みあわせる取りくみを始めた。市場に出せないアボカドをブタの餌にして、ブタの糞は果樹園の肥料にするのである。今はほとんどの店で有機栽培のアボカドが買える。イギリスでは、環境に配慮した栽培の基準を満たしたアボカドには「ソイル・アソシエーション Soil Association」のステッカーがはってある。

ペルーとドミニカ共和国は環境に配慮したアボカド栽培の産地としてはもっとも有望だ。ペルー

皮が緑色の西インド諸島種のアボカド

では自然環境に悪影響を与えるおそれがなく水が豊富にある地域にアボカド農園を配置する努力がされている。ドミニカ共和国はメキシコのミチョアカン州と同じで、最小限の人手をかけるだけでアボカドがよく育つ。アボカドに適した気候であり、良質の土壌をもつ高地があり、水も豊富にある。ドミニカの生産者にとっていちばんの問題は、彼らの土地にもっとも適した品種が緑色の皮のカリビアン種であり、市場でいちばん人気のあるハス種ではないことだ。イスラエルは環境に配慮した生産法をとっていることでこの先売り上げを伸ばす可能性はあるが、アボカド栽培に適した高地にたびたび霜がおりて収穫を台無しにするという問題がある。イスラエル国内で栽培に最適といえる土地は限られているので、あくまでもすき間を埋める程度の供給にとどまりそうだ。

アメリカ合衆国は、環境に配慮しつつ多くのアボ

収穫したアボカドの荷下ろし（ケニア）

カドを生産する地域となる資格は十分ある。価格が高くなってもクリーンラベルの商品を求める消費者は多いからだ。しかし労働力の確保という面に目を向けると、ひとつひとつ手で摘みとるアボカドより、もう少し楽に収穫できるもの、あるいはすべて機械でできるものの生産に切りかえたほうがいいと考える生産者が多いかもしれない。労働力が高価で確保しにくいうえに灌漑にも多額の費用がかかるため、利益率が年々下がっているのが現状なのだ。近い将来のアメリカ国内でのアボカド生産は、こだわりぬいた限定品を小規模に作る、有機栽培に徹する、あるいは長く受けついできた稀少品種を絶やさないために作る、といったところに落ちつくかもしれない。

順位	国名
1	メキシコ
2	ドミニカ共和国
3	ペルー
4	インドネシア
5	コロンビア
6	ケニア
7	アメリカ合衆国
8	ルワンダ
9	チリ
10	ブラジル

アボカド生産量のトップ10

◉世界のアボカド生産

国連食糧農業機関（ＦＡＯ）によれば、国内販売および輸出用、あるいは少なくとも国内販売のためにアボカドを生産している国は64か国ある。商品として販売するための生産ということなので、小規模な農家が自家消費のために栽培している国が少しあるとしても、それは含まれていないようだ。つまり地球上のすべての国の3分の1近く、南極を除くすべての大陸でアボカドが栽培されていることになる。２０１６年、世界中のアボカド生産者は、広くアボカドの販売促進を行うために「世界アボカド協会 World Avocado Organization」を設立し、基金を拠出することに同意した。この組織はおもに北米市場以外で消費が増えているＥＵ諸国や東アジアでの販売促進に努めている。

生産量に関してはラテンアメリカ諸国が上位を占

インドネシアのアボカド卸売り業者（バンダ・アチェで撮影）

めている。中でもメキシコが他を大きく引き離してトップだ。メキシコはこの緑の宝石をほとんど毎年150万トン近く生産し、世界で消費されるアボカドの半分近くを輸出している。南北アメリカの主要生産国のメキシコ、ペルー、チリ、ドミニカ共和国、コロンビアを合わせれば、全世界のアボカド生産の71パーセントを占めることになる。

ドミニカ共和国は短期間のうちに生産量を増やし、年間36万3000トンとメキシコに次いで世界第2位に躍りでた。ただし国内消費が多いので輸出量では12位にすぎない。輸出量の2位はペルー、3位はチリである。ヨーロッパでは生産、輸出量ともにスペインが1位、中東で最大の輸出国はイスラエルだ。南半球に目を転じればニュージーランドが南アフリカを抜いて輸出量の1位となってい

マルマ種のアボカドの葉と実。南アフリカの品種。

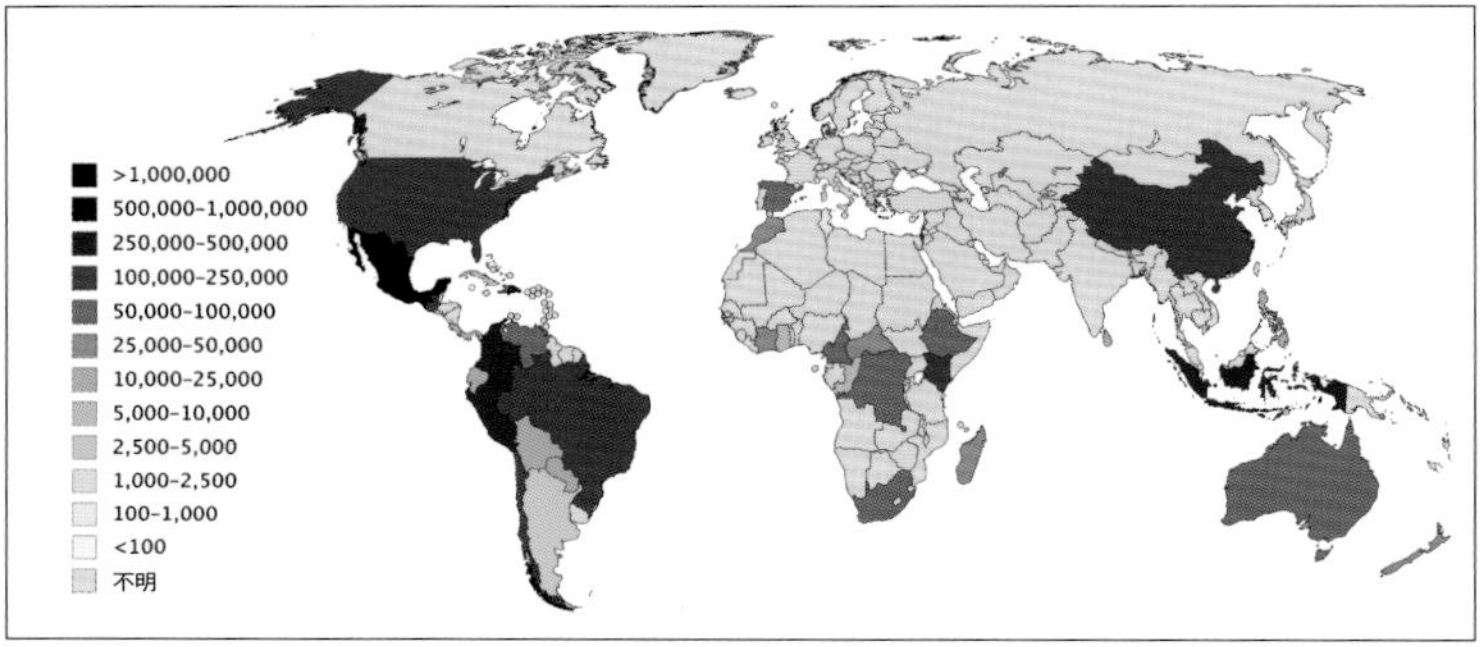

国別のアボカド生産量を示した地図。2016年。中南米の生産量が多い。

るが、インドネシアがアボカド栽培を拡大し、そのほとんどは輸出に向けられるはずなので、ニュージーランドを抜いて1位になる日も遠くないだろう。

アメリカは多くのアボカドを生産しており、金額にすれば毎年5億ドル相当になるが、そのごく一部をカナダの市場に送りだすだけで、事実上すべてを国内で消費している。カリフォルニア州で11万７０００トンを生産するほか、フロリダ、テキサス、アリゾナ、ハワイなどの州で合計4万５３００トンを生産している。アメリカは一大生産国でありながら輸入量でも一二を争い、国内生産量のおよそ3倍を輸入している。その理由のひとつは栽培地域が南カリフォルニアにかたよっていること、そして南カリフォルニアでは1年のうち数か月はアボカドが収穫できないことだ。

南北アメリカ産のアボカドは全世界の生産の大半を占めているが、アボカド取引がいい収入になることが知られるようになって、今や世界中でゴールドラッシュならぬグリーンラッシュが巻き起こっている。発展途上国にとってアボカドがもたらす現金収入は抗《あらが》いがたい魅力だ。だが輸出による収入だけでなく、アボカドは国民の栄養源としての価値も高い。実際、アボカド生産国のほとんどは生産したアボカドの10パーセント未満しか輸出にまわさず、ほとんどを国内消費しているのだ。ともあれ、このふたつの価値が認められてアボカドの生産はますます増えている。

アボカドの生産は南北両半球の栽培に適した気候の場所で広く行われている。東南アジアの国々はアボカドに大きな期待をかけ、輸出用にも国内消費用にも生産している。生産量が多い国としては、インドネシア、ベトナム、マレーシア、フィリピンなどがあげられる。サハラ砂漠以南のアフリカでも、生育に適した気候を利用してアボカド栽培が広まっている。サハラ以南で最初にアボカド生産を始めたのは南アフリカ共和国だが、たびたび旱魃《かんばつ》に襲われることから、今後も輸出向けのアボカド生産を続けるべきか否かという疑問が出てきた。ルワンダ、ケニア、スワジランド、マダガスカルなど降水量と湿度の面での心配がない国々は南アフリカの生産減少の穴を埋めようと勢いづいている。中国のアボカド消費量は急速に伸びているが、今のところほぼすべて輸入に頼っている。おもにチリからの輸入だ。しかし中国は国内生産の可能性をさぐるために２０００ヘクタールの土地でアボカドを試験栽培しており、それがうまく行けば一気に栽培を拡大する計画がある。ヨーロッパではスペインの生産量が圧倒的に多く、大きく差をつけられてポルトガルが２位、ギリシャとキプロスがそれに続いている。イスラエルにとってアボカドは大切な換金作物であり、収穫したアボカドのほとんどはヨーロッパ市場に出荷されている。

●世界のアボカド消費

誰がアボカドを食べているのか？　ほとんど誰でも——ソーシャルメディアの内容を信じれば、だが——食べている。ワカモレとアボカドトーストは写真共有アプリに登場する食べ物のトップで、その人気がすたれるようすはみじんもない。

多くのアボカドを生産しているメキシコ、ドミニカ共和国、アメリカは同時に最大の消費国でもあり、この3国で世界中のアボカドの約40パーセントを生産し、消費している。ドミニカ共和国の国民はなんとひとりあたり年間48キロものアボカドを食べ、続くコスタリカの8・1キロ、イスラエルの7・6キロを圧倒している。アメリカはひとりあたり約4キロで2000年と比べると3倍に増えている。同時期のアメリカの人口が2000年と比べて4100万人増加していることを考えると、同じ期間でひとりあたりの量が3倍になったのは驚くべきことだ。

ヨーロッパの人々は平均するとひとりあたり年間約1キロで、中でもフランス人がいちばん多い。ヨーロッパ全体の消費量はアメリカに次いで第2位である。生産量でヨーロッパ1位のスペインの消費量はイギリスとほぼ同じで、ひとりあたり年間約1キロを少し下まわるが、両国とも着々と消費を増やしている。世界のほとんどの国は2000年と比べると消費量は少なくとも3倍になっており、この傾向にゆるぎはない。

一時期は世界最大の生産国であるメキシコが消費量も1位だった——もっとも多かった年には

ひとりあたり年間21キロ以上消費した——が、今ではメキシコ人の消費量はひとりあたり年間6・1キロまで減り、減少傾向はさらに続いている。今やメキシコのいくつかの食料品店では、大きくて質のよいアボカドがメキシコ人の1日分の法定最低賃金と同じくらいの値段で売られている。庶民にはなかなか手の届かない値段だ。現在、メキシコのアボカド農園では輸出相手国で人気のあるハス種をおもに生産している。メキシコは今も世界最大のアボカド生産国であり、世界の市場に出まわるアボカドの半分近くはメキシコ産なのだが、輸出にまわされるものがどんどん増えている。メキシコ産アボカドのおもな輸出先であるアメリカやカナダの人々はメキシコ人より高い値段で買ってくれるので、生産者は国内向け市場に出すより輸出するほうを選ぶのだ。

メキシコはアボカドの加工品でも世界一の輸出国だ。皮をむいて半分に切った実を液体窒素で冷凍し、真空パックにして凍ったまま輸出する。使うときは解凍して普通のアボカドと同じようにスライスしたり角切りにしたりできる。二級品や三級品のアボカドを使った加工品のワカモレ（ディップ）はメキシコがもっとも多く輸出するアボカド製品だ。

◉アボカドブーム

アメリカ合衆国で昨今のアボカドブームが起こったきっかけは、1997年にアボカドの輸入規制が緩和されたことだろう。20世紀初頭、アメリカのアボカド業界はメキシコ産のアボカドを国

「キングサラダ」ブランドのアボカドの木箱に添えられたデザイン

内に入れれば害虫が入ってきてアメリカ国内のアボカド農園に被害が出ると主張し、政府によるアボカドの輸入規制を勝ちとった。しかしアメリカにおけるアボカドの需要は高まるいっぽうで、カリフォルニア、フロリダの両州だけではまかないきれなくなってきた。メキシコ政府はアメリカの消費者からの要求に乗じて北米自由貿易協定（ＮＡＦＴＡ）にのっとり、メキシコ農産物を自由に輸出販売する権利を認めるようアメリカおよびカナダ政府に要求したのだ。ただし、アメリカ政府がその要求をのんだのは、アメリカに大きな利益をもたらしていたトウモロコシのメキシコへの輸出を規制するとメキシコ政府が脅したあとのことだった。

こうしてアメリカ人が欲しいだけのアボカドを（ほとんど）すべて手に入れられるようになると、続く10年間でアボカドの消費は4倍にふくれあがった。もっとも１９８０年代と90年代は、メキシコや中米諸国からアメリカへの、すでにアボカドを食べる習慣がしっかり身についている人々の移住が増えた時期でもあったのだが。

アボカドの消費が増えているのはアメリカに限ったことではない。市場調査会社ニールセンリサーチによると、２０１７年のイギリス食品業界でアボカドの売り上げ増加率はバドワイザービール、モンスターエナジードリンクに次いで第3位を記録し、コカ・コーラやベアフットワインより上位だった。イギリスにおけるアボカドの消費は急速に伸びており、繁華街にあるほとんどのサンドイッチチェーンはたいていワカモレにしたアボカドを具として選べるようになっている。チェーン店のプレタマンジェはサンドイッチやラップサンドの3分の1のメニューにアボカドの具が入っていて、イギリス国内の全店を合わせると1日に1万5000個近いアボカドを使う。

イギリスでは何世紀も前からアボカドが売られていたが、1960年代になって初めて広く知られるようになった。昔は冬に食べるものと思われていたが、それは秋に生産地で収穫された実がイギリスに届いて市場に出まわるのは年明けの頃だったからだ。やがて南半球でもアボカドが生産されるようになり、南アフリカやニュージーランドといったイギリスの古くからの貿易相手から輸入できるようになったので、一年中手に入るようになった。現在はオーストラリアとニュージーランドからもいくらかは輸入しているが、大部分はスペイン、イスラエル、南アフリカ産であり、ペルーとチリからも少し輸入している。

イギリスのスーパーマーケットチェーン、マークス&スペンサーは、自分たちがどこよりも早く最先端の食品を提供していることを宣伝する目的で、1960年代に大人気だったファッションモデルのツイッギーをコマーシャルに起用し、わが社は1968年にアボカドをイギリスに紹介したと主張した。すかさずライバルチェーンのセインズベリーズは、自分たちは1962年に早くもアボカドを売っていたというコマーシャルで対抗した。イギリスのマスコミはこの騒動を「ア

アラン＆ジンター社のコレクションカード。「フルーツ」シリーズのうちの「アボカド」。1891年。

ボカド戦争」と名づけ、面白おかしく報道した。イギリス版ヴォーグ誌の記者バイオレット・ヘンダーソンは、アボカドはもっと前からイギリスでもときどき入手することができていたから、どちらのスーパーチェーンも「いちばん」を主張することはできないと指摘した。１９６６年に出版された『ミセス・ビートンの料理と家庭管理 *Mrs Beeton's Cookery and Household Management*』［ビートンの家政書はもともとは１８６０年代に初版が出版されたが、編者を代えて新たなレシピも加えながら何度も改訂版が刊行されている］で、アボカドが洗練されたもてなし料理として紹介されていることからも、１９６０年代の中頃にはアボカドがわりと簡単に入手できていたことはたしかなようだ。

イギリス以外の国々でも、中産階級の収入が増え、生活に余裕がでるにつれてアボカドの消費が増えている。特に中国はもっとも急速に消費を増やしている。アボカドを食べることは西洋から伝わった中流市民のライフスタイルを手に入れたひとつの象徴として、好ましく思われているようだ。２０１７年には中国国内５０００店のケンタッキー・フライドチキンが３週間におよぶアボカドキャンペーンを行い、スパイシーチキンパテサンドにアボカドのトッピングを添えた。ところがあまりにも人気がありすぎてアボカドが品切れになり、キャンペーンは予定より早く終わってしまった。中国ではアボカドの消費が増えすぎたので、販売業者はそれまで直接加工業者に送られていた二級品を、多少の形の悪さは気にならない場面で使うために料理店向けとして売るようになっている。

◉アボカド業界の影の側面

ミチョアカンは中央メキシコに位置し、地中海沿岸を思わせるような緑におおわれた風景をもつ州である。首都メキシコシティから西へ320キロ離れたそこは、今も昔もアボカド生産の中心地だ。火山の噴火によってできた丘陵地の側面は非常に肥沃な土壌で、気候、土壌、標高と三拍子そろったアボカド栽培に理想的なところだ。レモンの果樹園、木材を切りだすための植林地、さらに大麻の畑まであるが、この土地のいちばんの換金作物はアボカドだ。メキシコで生産されるアボカドの約90パーセントはミチョアカン州産なのだ。

アメリカは1915年から1993年までメキシコ産アボカドの輸入を禁止していた。1993年にはアメリカ国内のアボカド産地から遠い寒冷な地域での輸入販売が許可され、その後10年のあいだに禁止区域は少しずつ狭まった。アメリカ市場で受け入れられるようになると、メキシコのアボカド生産量は50パーセント以上の伸びを見せ、輸出量はわずか10年あまりのあいだに5倍近くにまで達した。

アメリカの輸入規制が解除されて生産量が増えると、メキシコではいわゆる「グリーンラッシュ」がまきおこった。アボカドは値段の安い田舎の特産物から10億ドルを稼ぎだす輸出産業の主役へと一気にかけ上がったのだ。ブームの絶頂期には、1ヘクタールのアボカド農園で1年に2回収穫すると販売額は10万ドルにもなった。生産者はアボカドを「緑の黄金」と呼んだ。数年のうちにアボカドはミチョアカン一帯の主要換金作物となり、それまで緑の黄金だった大麻よりずっと価値のある作物になった。何世代ものあいだ細々と農業を続け、小百姓と呼ばれてきた人々が、ある日突然中産階級になったのである。

だがアボカド生産が生みだす金銭に引きつけられたのは彼らだけではなかった。犯罪組織もアボカドに目をつけた。アボカドがブームになった1990年代は、たまたまメキシコ政府が定期的に行う犯罪組織への厳しい取り締まりの時期と重なっていた。政府によって違法な麻薬ビジネスを邪魔されたカルテルのボスやメンバーは、別の収入源を探していた。そしてミチョアカンのアボカド農園に目をつけた。

カルテルはその縄張りで麻薬ビジネスに励むだけでなく、地方の有力産業を支配下におき、直接的にも間接的にもそこから利益を吸い上げようとする。ミチョアカン州なら断然アボカドだ。地方政府の役人をあやつるため、麻薬カルテルは「銀か鉛か」つまり「賄賂を受けとるか銃で撃たれるか」の選択をせまる。まずはかなりの額の賄賂を受けとるようもちかけ、それが拒否されればその役人（または家族）を殺す。しかも見せしめとして、誰がなぜ殺したかよくわかるようにしておく。

ミチョアカン州でのアボカドビジネスに最初にとびついたカルテルは「ラ・ファミリア」だった。リーダーのナザリオ・モレノは元牧師で、彼の地位や縄張りを奪おうとする相手を誘拐したり殺したりする口実に聖書の文言を引用することで知られていた。アボカドのグリーンラッシュが始まった頃、このカルテルはミチョアカンで大麻ビジネスを仕切っていたが、合法的なアボカドのビジネスに参入することにしたのである。2010年、モレノはメキシコではめずらしくない麻薬カルテル同士の抗争で殺害された。その後しばらくはミチョアカンの支配をねらういくつかの犯罪組織の抗争が続いたが、最後に勝ち残ったのは「テンプル騎士団」を名のる組織だった。

ミチョアカンでは脅迫された役人が、アボカド農園をもつ農民とその所有する土地の広さがわかる記録簿を組織に見せてしまった。それをもとに組織はアボカドの生産者に「税金」――農園の土地100ヘクタールあたり年間約100ドルと、さらに収穫したアボカド1キロごとに数セント――を課した。税金の支払いを拒否した生産者は、役人と同じあつかいを受けた。「銀か鉛か」だ。あくまでも抵抗した農園主は農園に火をつけられ、家族の命まで脅かされた。恐怖のあまり土地を放棄して逃げようとする農園主は、土地をテンプル騎士団のメンバーにゆずる書類に署名するよう脅された。

アボカド産業が成長してくると、カルテルはアボカドの集荷と出荷のビジネスにも強引に割りこむようになった。その業界はアメリカ人がオーナーだったりパートナーだったりする会社が多かったが、取りあつかうアボカドの重量に応じて「税金」が課せられた。摘みとりに季節労働者を雇えば、ひとりあたり数ドルの「人頭税」をとられた。自治体の中には予算の一部を組織への上納金としてわたすよう強要されたところもある。こうした非合法活動から組織が得た収入は1年で2億5000万ドルにものぼり、テンプル騎士団は2010年代半ばにはミチョアカン州最大の事業体となっていた。州内のアボカド農園の約10パーセントは組織の直接の支配下にあり、さらにそれ以上の農園が間接的に支配されていたと見られる。

2014年になると農民側からテンプル騎士団に抵抗する動きが出てきた。いくつかの町や農民のグループが武装した自警団を組織しはじめたのだ。自警団は町や道路や農地をパトロールしてカルテルのメンバーと戦った。いくつかのアボカド農園を組織から本来の所有者に取りもどすことに成功した自警団もあった。そうした実績によって正式に警察組織の一員と認められ、メキシコ軍から武器の供給などの支援を受ける自警団も出てきた。しかしそのような成功は局地的、限定的なものだった。カルテルは依然としてミチョアカン州の一定の地域を支配し続けていた。

ミチョアカン州の西端にあるタンチタロの町では、アボカド生産者たちがみずから民兵隊を組織し、治安部隊（スペイン語の頭文字をとってCUSEPT）と名のっている。メンバーは制服と防弾チョッキを身につけ、高性能の武器を携行している。周辺の丘陵地帯に広がるアボカド農園をパトロールし、幹線道路にはチェックポイントを設置してカルテルによる強奪や攻撃を抑止する。活動資金には地域の農園主からの寄付金と政府からの助成金が当てられている。地域の人々は彼らの活動を支持しており、タンチタロの町はカルテルの支配下にある他の町より治安もよく、経済的にも繁栄しているように見える。

タンチタロはうまくいった例だが、自警団がいつも効果を発揮するとは限らない。自警団がもたらした初期の一連の成功を見て、犯罪組織の多くは税金と称して取りたてる金額を大幅に下げることで影響力を維持しようとした。すると、この程度の金額ならがまんできると考えてカルテルと折

タンチタロの町（メキシコ）

り合いをつける生産者も出てくる。自警団がカルテルに取りこまれ、表面だけの活動におちいる場合もある。「Ｈ３」というカルテルの活動はその一例だ。このカルテルの名前は、麻薬組織のメンバーに人気のあるアメリカのハマー社の車、Ｈ３にちなんだものだ。この形だけの自警団は、かつては政府がスポンサーになっていたが、今は政府となんの関わりもない。それでも表向きは人身売買に反対する公式団体だと主張している。

テンプル騎士団はリーダーのセルバンド・ゴメスが２０１５年に麻薬密売の罪で逮捕され、ほぼ解体された。だがそれをきっかけにふたたびミチョアカン州でカルテル間の抗争が始まった。最終的に勢力を伸ばしたカルテルの中に、隣接するハリスコ州から進出してきた「ヌエボ・ゼネラシオン（新世代）」がある。このカルテルはおおむねテンプル騎士団のやり方を引きついだが、自分たちは金持ちから奪って貧乏人に与える現代のロビンフッドだと主張している。その証拠として、支配下においた地域の学校や病院や独自の福祉制度に基金を提供してもいる。

しかしアメリカの司法長官ジェフ・セッションズは２０１８年、このカルテルをもっとも冷酷な麻薬組織のひとつと断定した。「ロス・ビアグラス」と呼ばれる別の組織はミチョアカン州の多くの道路を支配下におき、農産物（おもにレモンとアボカド）を運ぶトラックの運転手から通行料を取り立てている。メキシコ軍は道路を犯罪組織の支配から解放しようと相当の努力をしてきたが完全な成功にはいたっておらず、今も政府の力がおよばない場所が残っている。

第3章◉奇妙な果実を売りこむ方法

◉人気がなかったアボカド

アボカドの宣伝活動は野菜類のマーケティングの歴史に興味深い一ページを加えたと言える。そもそもこの奇妙な果実に対する需要はまったくなかった。生産者はアボカドの木を植えてしまってから、さてどうやって売りこもうかと考える始末だった。とりあえず植えておけばあとは（多分）何とかなるだろう、という典型的な例だった。どこへ行ってもアボカドが目につく今となっては、この果実が世界中に小さなよろこびを与えるようになるまでに、知恵をしぼり苦心を重ねた何十年もの宣伝活動があったことはすっかり忘れられてしまった。

まず、多くの消費者に好まれそうな品種を見つけるための試行錯誤に何十年もかかった。アボカド業界の救世主とも言うべきハス種が店頭にならぶまでには80年近くを要している。欧米料理のレパートリーのどこを探してもアボカドが入りこむ余地は見つからず、そこにアボカドをはめこむのは難しいことだった。果物でありながら甘くない。少なくともごく最近までは、買ってきてすぐ食べることもできなかった。生《なま》で食べるものだが、欧米人にはデザートにふさわしいとは思えない。現代人の健康志向を考えれば、脂肪分が多く高カロリーの食べ物というイメージと戦う必要もあった。

アメリカ人の目から見ればアボカドはいかにも奇妙なしろものだった。スパゲティをあたりまえのように夕食で食べるようになるまで100年かかった人々に、そんな物を売りこむのはなおさら大仕事だったのだ。アボカドは男が食べるようなものではなく、女性や気どったエリートが食べるものだと認識されていた。

ヨーロッパでの受容はさらに遅れた。アボカドを食べる習慣のある民族はヨーロッパのどこにもいなかったからだ。アボカドを売りこみたい業者はまず中上流層の女性をターゲットに選んだ。そのような女性には比較的高価な食べ物でもためしに買ってみるだけの金銭的余裕があるから、アボカドが食卓に入りこむチャンスを与えてくれるかもしれないと考えたのだ。

初期のアボカド業界がアメリカで乗りこえるべき障害のひとつに、アボカドがどうしてもメキシコあるいはメキシコ人を連想させてしまうことがあった。人種的な偏見はわきに置くとしても——たしかに偏見はあったが——、メキシコ国境近くの住人をのぞけば、アメリカ人はメキシコの食べ物にまったくなじみがなかった。どこのショッピングセンターに行っても、メキシカンファストフー

「ゴールデン・アワーズ」ブランドの木箱に添えられたデザイン

ドチェーンの「タコベル」や「チポトレ」の店があるようになるのはまだずっと先のこと。今でこそ世界中でタコスやブリトーといったラテンアメリカ風の軽食が日常的に食べられているが、20世紀の前半、ほとんどのアメリカ人はメキシコ料理について、多少知っていたとしてもせいぜい「南のお隣さんが食べているもの」という程度の知識しかなかった。

◉イメージ作戦

金銭的余裕のある白人消費者の関心を引く必要があると考えたアボカド業界は、アボカドを何か豪華でエレガントなあこがれの対象のように思わせるイメージ作戦に出た。アボカドの印刷広告——当時はこれが宣伝媒体の中心だった——には、他の食品の場合と同じようにアボカドの調理法を教えるレシピを載せていたが、そこではすてきなライフスタイルというイメージに合わせるためにロブスターやグレープフルーツといった贅沢な食材と組みあわせることが多かった。

20世紀初頭のアメリカのアボカド業界はさらに、アボカドには性的欲求を高める媚薬効果があるという噂とも戦わなければならなかった。当時のアメリカで果物のセクシーさを売りこむなどということはありえなかった。たしかに「ジャズ・エイジ」と呼ばれた1920年代の世相は社会的な規範をゆるめてはいたが、セクシーさを果物の宣伝文句にするところまでは行っていなかった。それほど過激ではないバナナを擬人化したキャラクター、ミス・チキータ・バナナでさえ第一次世界大戦後になってから登場したにすぎない。アボカド業界の人々自身が堅物だったかどうかは別の話だが、少なくとも彼らはアボカドの広告に関しては慎重だった。

ただ、内心ではアボカドの媚薬効果は強力なセールスポイントになるだろうと考えていた。そこで彼らは巧妙にも、アボカドには絶対かつ完璧に媚薬効果はない、という声明を発表したのだ。ウェイバリー・ルートはそれについて『アメリカの食物 *Eating in America*』（1976年）で、アメリカのアボカド業界は「アボカドに媚薬効果があるという悪意に満ちた偽りの噂を否定した」と書いている。業界がその声明を出したとたん、売り上げは急上昇したのだった。

ほとんど知られていなかったアボカドをエリート層や上昇志向の強い消費者に売りこもうとした戦略はある程度成功したが、その人気を大衆市場に広げるところまでは行かなかった。そこで宣伝担当役員のひとりが会議の席上で、マーケティングで同じような過程を経験したブロッコリーの例を思いだそうと発言した。ブロッコリーもはじめはアメリカ人になじみのない目新しい野菜で、エリート層だけが口にするものだった。カリフォルニア・アボカド協会のある会合で彼は「ブロッコリーをメニューに入れるとクールだという評判がたち、突然高級レストランのメニューに出てくるようになりました。それが何なのか、どこからきたのかほとんど誰も知りませんでした。それでも大勢の人々がブロッコリーを買おうとした。なぜならそれは新しくて、しかも食卓に出す価値のあるものだったからです」。こうして、アボカドも同じ作戦で行こう、ということになった。

◉「健康によいアボカド」

アボカドの販売は第一次世界大戦後もしばらくはふるわなかったが、次の大戦が始まるまでのあいだに健康によい食事という概念がひろまってきたことが幸いした。大衆紙の社説は食と健康について語り、雑誌には食に関する広告が数多く見られるようになった。まずは次のようなものだ。胃腸の具合が悪いのは肉とグレイヴィソースに代表される塩分と脂肪分が多すぎるアメリカ人の食生活のせいです。どうすればいいかって？　私たち（市場関係者）のアドバイスはこうです。カリフォルニア産の新鮮な食材を食べましょう。お皿の中心にはアボカドをお忘れなく。こうした健康ブームは１９７０年代と21世紀初頭にも再来するが、アボカドは完全な食品として大いにもてはやされたのだった。１９２８年、ジョン・エリオット・コイト博士はカリフォルニア・アボカド協会でのスピーチで次のように語っている。

アメリカ国民は自分の顔色、消化、排泄などに気をつけるようになってきています。大衆的な

市場に積まれたアボカド（ベトナムのダラット）

雑誌には食に関する記事や広告があふれています。今や食事療法がブームになっているのです。人間にとって胃袋は非常に大切ですが、今や人々は量より質を重んじるようになっています。誰もが酸血症（アシドーシス）や便秘や肥満からのがれたいと考えています。そして果物、サラダ、フレッシュジュースという新しい飲食物に大いに満足しています。肉と精製されすぎた穀物から成る食事に背をむけ、サラダ向きの果実をよろこんで受けいれる機運が高まっています。サラダ向け果実の中でもアボカドはまだありふれたものになっておらず、高級感があります。まさにこの時流に沿うものです……安心してください。これからのアメリカ人はヘルシーな料理と新鮮なサラダを食べるようになります。

紫の花を添えたアボカドトースト

アボカドのマーケティングは州、地域全体、そして国レベルの委員会で行われている。アボカドの流通、販売に関わる世界最大の企業は「キャラボ（Calavo）」といい、事実上カリフォルニア産のすべてのアボカドとメキシコからアメリカに輸入されるアボカドの多くをあつかっている。フロリダ産のアボカドは「フラバカド（Flavacado）」という、州の名前フロリダ（Florida）と「味がよい」という意味のフレイバーフル（flavourful）をもじって名づけられた団体があつかっている。メキシコでは「アボカド・フロム・メキシコ（Avocados from Mexico）」という団体が同じような仕事をしている。こうした企業、団体は何百万ドルも費やし、さまざまなメディアを使ってアボカドを売りこんでいる。その資金は、生産者が自分の販売するアボカドの重量に応じた金額を所属する委員会に基金として納めたものだ。

イギリスの食品研究者アン・マーコットはアボカドのマーケティングは現代的な食品のマーケティングのあり方を示すひとつの手本だという。まずその食品に関する噂を広める。ここで、スーパーフードだと大げさに言いたてると効果的だ。小売店や料理店に売りこみに行くときは実物を持参して噂を強調する。伝統的なメディアでの広告には十分に予算を使い、ソーシャルメディアにも定期的に発信を続ける。こうした活動のすべてが卸売りと小売りの両方で需要を高めることにつながるのだ。いったん成功すれば売り上げはどんどん伸びる。アボカドのマーケティング担当者はこのすべてをまさに完璧にやり遂げたわけだ。

時間と熱意を十分に注ぎこんだこと、北米自由貿易協定によってアメリカへの輸入規制が緩和されたこと、急速に成長したファストフードチェーンがアボカドを好んでメニューに加えたこと、いわゆる「スーパーフード」への関心が高まっていたこと、写真映えするアボカド料理の見た目がソーシャルメディアの写真投稿サイトで人気を博したこと、これらすべてが相乗効果をおこして、はじめは食の世界のどこにも居場所が見つけられなかった奇妙な果実に対する大ブームをもたらした。

さらに、代わりに使えるような類似品がないという事実もアボカドにとっては幸いだった。たとえば青菜のたぐいはいくらでもある。ケールの値段が高すぎれば、ホウレンソウもコラード（ケールの変種）もある。穀類でも同じことが言える。キヌアが高すぎる、あるいは手に入りにくいということなら、同じ雑穀類のスーパーフードであるテフやファロ（スペルト小麦）、あるいは昔ながらの玄米もある。ところが野菜果物の王国に、アボカドに似たものはひとつもない。長年にわたるたゆまぬ努力が実り、その栄養価の高さ、独特の味わい、個性が認められて、アボカドは現代の最先端の食べ物という地位を獲得したのである。

●アボカドとスーパーボウル

アメリカの業界団体が行った数々の宣伝活動のうちでも大ヒットと言えるもののひとつに、アメリカ最大のスポーツイベント、スーパーボウルとワカモレとを結びつけたことがある。きっかけは1992年に参加者たちが最高のワカモレを作るコンクールとして始まった「ワカモレ・ボウル」

とそのコマーシャルだったが、アメリカとメキシコのアボカド業界団体はスーパーボウルの日にはいちばん合う食べ物として徹底的に繰り返し広告を出すようになり、今やワカモレとスーパーボウルは切っても切れない関係になっている。アボカドはスーパーボウルの中継にコマーシャルを流した最初の果物で、費用は450万ドルかかったということだ。そしてアメリカ人は今、スーパーボウル当日に4500万キロのアボカドを消費しており、そのほとんどがワカモレになっている。

メキシコの「シンコ・デ・マヨ」の日［5月5日。1862年5月5日にメキシコ軍がフランス軍を破った記念日］にも4万1000トンのアボカドが消費される。この日はメキシコの祝日だが、じつはメキシコよりアメリカ国内でより盛大に祝われているようだ。アメリカがメキシコから輸入するパイナップル、バナナ、イチゴは重量にすればアボカドより多いが、金額で見ればアボカドがいちばんだ。

21世紀初頭におけるアボカドの人気の高さを見れば、産地の自治体が観光振興のためにアボカドフェスティバルを催すのは当然と言える。たとえばカリフォルニア州のアボカド地帯にあるカーペンテリアとフォールブルック、あるいはメキシコでどちらもアボカドのふるさとを自称している――フォールブルックも自称しているが――ウルアパンとタンシタロなどは、アボカドフェスティバルを開いても意外ではない。しかしアボカドフェスティバルは思いがけないところにもあって、たとえば南太平洋のニューカレドニアでは4月末か5月のはじめに、オーストラリア、クィーンズランド州のブラックバットでは9月にアボカドフェスティバルが開かれる。

アボカドのぬいぐるみ

カリフォルニア州フォールブルックのフェスティバルは少なくとも1985年から毎年開かれているとして、いちばんの歴史を誇っている。ここでは「ワカモレ・レシピ・コンテスト」、子供による「ミス・アボカドとミスター・アボカド・コンテスト」、「アボカド・アート・コンテスト（平面アートと立体アートの両方がある）」、「アボカド500レース（子供がアボカドに車輪をつけて作った車をころがして速さを競う）」などが行われる。カーペンテリアのフェスティバルは「平和と愛とアボカド」をうたい文句にした南カリフォルニア最大の、そして全米でも一二を争う規模のフェスティバルだ。

●アボカド泥棒

アボカドが高値で売れる以上、産地に泥棒が出没しても驚くにはあたらない。早くも1970年代にはニューヨークタイムズ、ロサンゼルスタイムズなどの新聞やタイムなどの雑誌にアボカドの盗難とその被害額の記事が載るようになっていた。1970年代でも、小型トラック1台分のアボカドには数千ドルの価値があり、いったん農園から運びだされてしまえば、農園主にせよ保安官にせよその作物がどこから盗まれたものかを明らかにするのは難しかった。アボカドの値段が上がれば盗難事件も増加する。アボカド農園が集中する南カリフォルニア郡の場合、保安官事務所の要員が限られているため、カリフォルニア・アボカド協会は独自に6人の警備員を雇ってアボカド農園の警備と盗難の予防に当たらせている。

アボカドの価値が高いせいで世界中の産地はどこも盗難被害に悩まされているが、特にニュージーランドは被害が多い。ニュージーランドは農産物の防疫に関する基準が厳しく、外国産のアボカドの輸入を認めていない。つまり国産のアボカドしか存在しない。そのためニュージーランドのアボカドの値段は高く、ときにはアメリカやヨーロッパの平均的な価格の2〜3倍もすることがある。1本の木からの収穫で数千ニュージーランドドルになるのだ。だから家族だけで小規模に栽培している生産者でも、アボカドの木には防犯設備を備えつけて盗難の予防に努めている。

第31代アメリカ大統領ハーバート・フーバーが「すべての鍋に1羽のチキンを」と公約したのにならって、アボカド業界が「すべてのテーブルに1個のアボカドを」という目標をかかげていたとしたら、彼らはその目標の達成にあと一歩のところまで近づいている。彼らは100年のあいだに、ほとんど誰も知らなかったアボカドを世界のほとんどどこにでもあるものにした。

カナダのジャーナリスト、デビッド・サックスはその著書『ザ・テイストメーカー *The Tastemakers*』(2014年)で「アボカドは『めずらしい食品』から『欠かせない食品』になった。町を通れば目に入り、安い中国食料品店でも見かける。安くはないが、手が届かないほどではない。チアシードほどめずらしくもない。たくさん作られていて、みんなが知っている」と書いている。わずか100年前には誰も知らなかったアボカドが、今ではもっとも重要な熱帯または亜熱帯産の果物のひとつになった。パイナップルやバナナとならぶまでになったのだ。

アボカドの花に授粉するミツバチ（ニュージーランド）

◉豊かな栄養——もっとも脂肪分の高い果物

アボカドは果物にはめずらしく糖分もデンプンもほとんど含んでいない。さらにめずらしいことに脂肪分を30パーセントも含んでおり、これはサーロインステーキなみの含有率だ（ただしアボカドが含んでいる脂肪のほとんどは良性の一価不飽和脂肪酸と多価不飽和脂肪酸から成っている）。そのうえアボカド業界にとってうれしいことに、目の色を変えてプロテインを摂取したがる人が多いこのご時世に、アボカドは果物の中でもっとも多くのプロテイン（タンパク質）を含んでいる。ビタミンとミネラルも豊富にあることを考えれば、アボカドは果物全体で見てもいちばん栄養があると言っていいだろう。

この栄養の豊かさは、太古の時代に巨大草食獣に果実を食べさせ、糞とともに種子をまき散らせてもらおうという作戦のもとにアボカドが進化した結果

トーストにはベーコンエッグよりアボカドをのせるほうがクールだと勧める合成写真

だろう。現代の消費者の多くにとって、アボカドは空想上の稀少な動物ユニコーンなみに、健康を気にしないで濃厚な味を楽しめる稀少な食べ物なのだ。健康食品店の顧客も近所のマクドナルドの常連も、アボカドならよろこんで食べる気になれるわけである。

アボカドはオリーブオイルと同じで一価不飽和脂肪酸を多く含み、飽和脂肪酸は少ない。アボカドがもつカロリーのほとんどはこの不飽和脂肪酸のものだ。ところがこの脂肪含有量の高さのせいで、アボカドが進みつつあったサラダ向け果実の王者への道はいったん閉ざされそうになった。

１９７０年代、アボカドは人々のあこがれだったカリフォルニア風ライフスタイルを代表するアイテムのひとつであり、高い地位をめざす野心家にも自然食指向のナチュラル主義者にも人気があった。しかし1980年代になると風向きが変わる。脂肪を諸悪の根源と見る時代になったのだ。1977年に上院特別委員会が出した合衆国における心臓疾患の増加に関するマクガバン・レポートが、食べ物から摂取する脂肪こそ悪の根源だと報告したのだ。良性の脂肪（一価不飽和脂肪酸）と悪性の脂肪（飽和脂肪酸）の区別は無視された。その結果、低脂肪あるいは無脂肪をうたう食品が市場にあふれることになった（脂肪の代わりに糖分が、多くの場合は高果糖コーンシロップの形で含まれることは問題にされなかった）。

アボカドはベーコン、卵、バターなどと同類の食物と見なされた。心臓病患者にわたされる避けるべき食品のリストでは、アボカドが霜降りの牛肉と同じあつかいを受けた。アボカドの卸売り価格は、ひどいときには1ポンドあたり10セントまで下がった。市場ではアボカドの在庫がだぶつき、加工業者が必死に利用法を考えた。アボカドをベースにしたドッグフードも提案されたが、あいにく犬に消化不良を起こさせる物質が含まれていた。それでもアメリカ人がワカモレのディップをこよなく愛していたおかげで、なんとか生産者はアボカドの木を抜いてほかの作物に植えかえずにすんだのだった。1980年代のカリフォルニアのアボカド業界は、スタイル抜群の女優アンジー・ディキンソンが体にぴったりした純白のレオタードを着てアボカドを食べながら「この体があなたに嘘をつくかしら?」というコマーシャルで反撃した。

その後、アボカドに含まれる一価不飽和脂肪酸などはむしろ健康によいという研究報告が出たおかげで、アボカドは息を吹きかえした。アボカドに含まれる脂肪の利点のひとつに、満腹感を与える働きがあげられる。満腹感は、もうこれ以上食べる必要はないというサインを体に出すのである。もちろん、それでも高カロリーを気にする消費者はいる。しかし人気のあるハス種のアボカドは脂肪の含有率が高いものの、西インド諸島種の中には低カロリーの品種もある。そこでメキシコ種、グアテマラ種に代わる低カロリーのアボカドを売りこもうという動きも出てきた。

ブルックス・トロピカルという企業は、かつてフロリダとかハーディーとか呼ばれていたアボカドを「スリムカド Slimcado」という登録商標で売りだしている。これはフロリダで育てられてきた比較的古い品種で、脂肪はハス種の約半分、カロリーは3分の2程度だ。プロテインは同じくらい含んでいるが、それ以外の栄養は少なめである。インターネットのレビューやその他のメディアで見るかぎりスリムカドの評価は好意的なものばかりとは言えないが、一定数の高評価も得ている。

食べてみた人の感想によれば、ハス種がクリーミーでなめらかな食感にナッツの風味があるのに対し、スリムカドは水分が多くマンゴーのようなフルーティーな風味があるという。水分が多くフルーティーだということで、この緑の皮をもつアボカドはスムージーなどの飲み物を作るには適しているようだ。

アボカドは抗酸化作用のあるビタミンCとE、それにビタミンKとB_6も含んでいる。銅やリンなどミネラルも豊富だし、カリウムはバナナの2倍もある。目の疲れに効くルテインはたいていの野菜果物より多く含んでいる。炎症からくる痛みをやわらげる効果があるとして、関節炎財団が

アボカド・スムージー

変形性関節症の患者に推奨してもいる。またアボカドの色素には植物性化学物質が多く含まれ、さまざまな微量栄養素を提供している。

◉アボカドオイル

これまで述べてきたように、アボカドは脂肪を豊富に含んでいる。ハス種やフエルテ種のように脂肪の多いものはじゅうぶん熟成させておけば、脂肪分が20パーセントを超えることもある。アボカドは生のまま丸ごと市場で売られるのが普通だ。ほとんどの果実は均一に実り、そのまま市場に出すことができるが、中には少し傷があったりして市場に送ることができず、二級品として調理済みのワカモレなどの加工品になるものもある。しかしそれでも売り物にならなくて残ってしまうものがある。今はそうしたもののほとんどがアボカドオイルの製造にまわさ

アボカドオイル。健康によいとの評判が広まり人気が高まってきたアボカド製品のひとつだ。

れている。

最高の品質のアボカドオイルは料理用となるが、さまざまな美容製品にも使われる。パスタの仕上げにエキストラバージン・オリーブオイルをたらして風味を添えるのと同じように調味油として使われたり、あるいは揚げ物に使われたりする。アボカドオイルは値段が高いが、熱して煙が出てくる発煙点が270℃で、揚げ物に使われる他の油より高い。アボカドオイルには不純物が少ないため、高温になっても分離が起こりにくいからだ。

最近ではアボカドオイルが健康によいとわかってきたので、その点も注目されている。よくエキストラバージン・オリーブオイルと比較されるのだが、アボカドオイルのほうが飽和脂肪酸は少なく、一価不飽和脂肪酸の含有率が高い。またアボカドオイルはエキストラバージン・オリーブオイルより香りが淡く、しかも加熱するとその違いが大きくなる。保存性も非常にすぐれている。カリフォルニアで行われたある実験では、冷蔵庫内と同じ温度で10年間保存されたサンプルにほとんど腐敗の兆候が見られなかったという。

私たちが食用に使うオイルのほとんどは植物の種子またはナッツから採ったもの――たとえばコーンオイル、ナタネ油（キャノーラオイル）、グレープシードオイルなど――だが、オリーブオイルやココナツオイルのように果実の果肉から搾《しぼ》るものもある。アボカドの果肉からオイルを採る方法はいくつかあって、どの方法を使うかは製造者がどんな設備をもっているか、そして何に使うオイルを搾るかによって変わってくる。

アボカドからオイルを採るいちばん古い方法は、つぶした実と水を混ぜたものを弱火でぐつぐつ煮てから冷まし、表面に残った上澄みをすくいとる方法だ。すくいとった油はもう一度加熱して濾《こ》すことが多いが、この方法ではどうしても少しは不純物が残る。原始的な方法だが、これ以外の手段をもたない製造者にとってはこれで十分であり、できた油はいろいろな用途に使うことができる。

　これに代わって広く行われているのが、化学溶剤を使う方法だ。この方法には2種類あって、ひとつはつぶした果肉を乾燥させて水分を除いてから抽出効果を高める溶剤を加え、それを圧搾する方法。もうひとつはつぶした果肉を遠心分離器にかけて油を含む細胞だけを取りだし、それに化学溶剤を加えて処理することで細胞の中の油とそれ以外の成分を分離する方法だ。いずれにしても、搾った油にはさらに処理が必要になる。その処理が終わればできあがった油は化学的に純粋であり、皮膚をなめらかにするエモリエント成分やビタミンEを多く含んでいる。

　この方法で製造されたアボカドオイルは搾り方が雑なことと化学溶剤を使うことから料理用には向いていないが、美容や化粧品の業界では大いに歓迎されている。アボカドオイルに含まれる保湿成分は人間の肌にしっとりした感触と若々しい張りを与えるのだ。アボカドオイルを含んだフェイシャルマスクは肌の若返りに効くと言われ、スパ業界で人気がある。

　アボカドオイルの最新の抽出法はコールドプレスだ。皮とタネを除いたアボカドを、熱を加えることなくゆっくりと圧搾する。これはオリーブオイルの製造に使われている方法で、まずオリーブオイル用の機械で試してから採用された。この方法は特に油分を多く含むハス種とフエルテ種によく使われている。特にハス種をこの方法で搾ると淡いエメラルドグリーン色のオイルができあがり、いかにもアボカドの実を搾った感じがして好評のようだ。アボカドの皮には葉緑素が多く含まれているので、実を搾るときに少し加えるといっそう緑が濃くなる。ハス種のアボカドをコールドプレスで搾ったオイルはアボカドの味がして、かすかに草のような香りとキノコのような香りがある。いっぽうフエルテ種の場合はキノコの香りはより強く感じるが、アボカドの風味は少ないという。

ニュージーランド、オーストラリア、カリフォルニアの生産者は、消費者に違いがわかりやすいように、アボカドオイルにも等級別の呼称をつけようとして協議している。協議の記録文書を見ると、呼称はオリーブオイルのものとほぼ同じにすることを考えているようだ（そのほうが消費者にとってもわかりやすい）。つまりエキストラバージン、バージン、ピュア、ブレンドの4クラスということになる。オイルを搾ったあとに残った果肉のかすにはまだかなりプロテインが残っているので、家畜の飼料を作る工場に売られる。

最近ではアボカドオイルを薬品の製造に使う動きも出てきた。アボカドの木、果実、葉などはメソアメリカ文明の頃から民間療法で使われていた。ちょっとした傷、特にすり傷が早く治るとされていたようだ。現代のホメオパシー［同毒療法《どうどく》。ある症状をもつ患者に、それと似た症状を起こす物質を稀釈したものをごく少量与える治療法］の治療家は、アボカドオイルをすり傷に似た症状、たとえば日焼け、湿疹、乾癬《かんせん》に使うことを勧めている。フランスではアボカドオイルと大豆油から抽出した成分を組みあわせたものがＡＳＵという処方薬として認められ、膝や股関節の変形性関節症の治療薬として処方されている。いくつかの国では薬局の店頭でこの薬が売られ、体内の炎症によって起こるさまざまな症状に効くとされている。

アボカドオイルを摂取すると肝機能が高まるという報告も医学会から出はじめているが、この研究はまだ始まったばかりだ。アボカドに由来する物質アボカチンBが急性骨髄性白血病の治療に有効かどうかを確認する臨床治験も現在進行中である。

アボカドオイルに限らず、アボカドは何らかの方法で健康維持に役だつ可能性がある。アボカドの果肉には強い抗酸化作用があり、食物繊維、ミネラル、ビタミン、その他さまざまな食物栄養素が含まれている。アボカドを食べればメタボリック・シンドロームが予防できることは証明ずみだ。メタボリック・シンドロームとは心臓病や糖尿病をひきおこす高血圧、中性脂肪や内臓脂肪の過多などの危険要素を3つ以上もつことで、アボカドには悪玉コレステロールと内臓脂肪を減らし、善玉コレステロールを増やす働きがある。

アボカドのタネに含まれる物質が医療に使えるかどうかの研究も始まっている。タネに含まれているべヘニル・アルコールは抗ウイルス薬に使われる物質であり、同じくタネに含まれているドデカン酸は抗ウイルス薬に使われているほか、アテローム性動脈硬化症の治療に使えるかどうかの研究が進められている。

第4章 ◉ さまざまな食べ方

◉ワカモレ

アボカドと言えばワカモレだ。前にも書いたようにアメリカ人はスーパーボウルの日曜日、一日だけで何百万キロものワカモレを食べる。一年でいったいどれほど食べるものか、誰にもわからない。食料品店で買われたアボカドのほとんどはワカモレに使われ、調理済みのワカモレを置いていない食料品店や飲食店などは想像もできない。

初めてワカモレを口にしたのがメソアメリカ文明の人々だったことは間違いない。すでに見てきたように彼らは何千年ものあいだアボカドを食べてきた。そしてアボカドのふるさとは、同時にトウモロコシのふるさとでもあった。メソアメリカでは、トウモロコシでトルティーヤを作って食べることも早い時期から行われていた。当時の人々がそのふたつを組みあわせて食べていたと考えて

メキシコ発祥の料理で多分人気ナンバー１だと思われるワカモレ

も決して飛躍のしすぎではないだろう――アメリカンフットボールのテレビ中継はまだなかったにしてもだ。

コロンブスがやってくる前からアボカドがトルティーヤといっしょに食べられていたことを示す考古学的証拠は、実際に発見されている。「ワカモレ」という呼び名はナワトル語の「アワコ＝ムリ ahuaco-mulli」からきたものだ。エルナン・コルテスが現在のメキシコシティの場所にあったテノチティトランにやってきたとき、彼に同行していた書記は、アステカ国王モンテスマ二世の王宮では、つぶしたアボカドとトマトと野生のタマネギとコリアンダーを混ぜたものを食べていると書き、その料理を「アワカムリ ahuacamulli」と表記している。

アメリカのアボカド業界は、アボカドの広告を出しはじめたばかりの頃からワカモレのレシピを紹介していた。１９１２年に発行されたニューヨークタイムズ紙には、当時まだめずらしかった「ワニナシ」を使うレシピとして「アグアカテ・サラダ Aguacate Salad」の以下のような作り方が載っている。

> 熟したアボカド３個を半分に切って種をとり、果肉を殻《から》からすくいとる。トマト３個の皮をむき、へたの部分も切りとる。青トウガラシを半分に切ってから細い千切りにする。すべての材料をなめらかなペースト状になるように混ぜてつぶし、余分な水分をきる。タマネギをすりおろした汁を小さじ１杯かそれよりやや多めに加え、さらにレモン果汁または酢を小さじにたっ

ぷり1杯入れる。これを十分に混ぜあわせ、すぐに食卓に出す。

ニューヨークタイムズ紙は1912年から多くのワカモレのレシピを掲載してきた。1953年のレシピでは、ポテトチップスを添えれば最高だと勧めている。2013年にはゆでたグリンピースをアボカドと混ぜてつぶし、少し残しておいたグリンピースをそのまま入れてアクセントにする、という大胆なレシピを提案し、ツイッターに賛否両論が殺到する騒ぎになった。なんと当時現職の大統領だったバラク・オバマ氏までが議論に参加したほどである。

オンラインの語源辞典によれば「ワカモレ」という単語が最初にアメリカの辞書に収録されたのは1920年だが、はじめのうちはスペルが統一されていなかったようだ。サイレント映画時代のメキシコ出身の美男スター、ラモン・ノヴァロは『フォトプレイ・クックブック *Photoplay Cookbook*』（1929年）という本で現在のスペルで表記したワカモレのレシピを紹介している。

1931年に出版された『ビバリーヒルズで注目されている料理 *Fashions in Food in Beverly Hills*』はワカモレにWakimoliというスペルをあて、アボカドのことはキャラボ（calavo）と表記している。

キャラボを半分に切り、タネをのぞいて殻から果肉をすくいとる。取りだした果肉は完全につぶし、そこにみじん切りにしたタマネギを加える。マヨネーズを入れて全体がもったりとしたペースト状になるまで混ぜる。塩、コショウ、パプリカパウダーで味をととのえる。半分に切っ

A master blend of choice ingredients... Kraft Mayonnaise is made with fine oil and eggs, fragrant vinegar and spices, and Fresh Lemon Juice
Decorative, "different" — and so delicious! Arrange lettuce on round chop plate. Cut 3 avocados in lengthwise halves, remove the seeds, and peel. Arrange them on the lettuce and fill each with a mound of tomato aspic made with chopped celery in it. Serve with Kraft Kitchen-Fresh Mayonnaise... and listen to the compliments!
KRAFT Mayonnaise Kitchen Fresh
Kraft Mayonnaise

アボカドサラダ。レディーズ・ホームジャーナル誌（1948年６月号）に掲載されたクラフトマヨネーズの広告。

て果肉をとった残りの殻に盛りつけてもいいし、レタスの上にのせてもいい。こんがり焼いたクラッカーにのせて食べるのもおいしい。

今もあるアメリカ家庭料理のバイブル的な本『ジョイ・オブ・クッキング *Joy of Cooking*』の1931年版はアボカドを「アボカドナシ」と呼び、「アボカドナシサラダ」と「アボカドナシ、オレンジ、グレープフルーツのサラダ」のレシピを紹介している。どちらのレシピも、当時のアボカド業界が「高級感のあるサラダ用果物」として売りこむためにグレープフルーツやロブスターやカニと組みあわせたレシピを紹介したのと同じ流れにのったものと言えるだろう。

ワカモレについては、メキシコ料理界の大御所ダイアナ・ケネディが今も大きな影響力をもつ著書『メキシコ料理 *Cuisines of Mexico*』に書いた言葉で締めくくるべきだろう。彼女は「ムラのないなめらかなこの料理を作ろうとしてブレンダーを使うのは絶対にやめてください」と書いた。彼女はアボカドを使った他のすべての料理と同様にワカモレも新鮮さが命だと考えていた。ワカモレはできあがったらすぐに食べなければならない、ぐずぐずしていたら「美しい緑色があっという間に黒ずみ、すばらしい香りが失われてしまいます」と書いている。

◉世界のアボカド料理

ふるさと中央アメリカに目を向ければ、アボカドはワカモレ以外にもいろいろな使い方をされている。先住民の多くは、スライスして塩味をつけたアボカドとトルティーヤとコーヒーを朝食にしている。アボカド、トマト、コリアンダー、タマネギを混ぜて作るサルサベルデ［緑のソース］がいろいろな料理に薬味として添えてある。トウガラシを使った料理には、角切りまたはスライスしたアボカドが付けあわせに添えられ、辛さをやわらげている。中南米地域では具入りのチキンスープもよく食べられるが、それにもアボカドのスライスや角切りがのっていて風味と食感を足していることが多い。

アボカドを添えたレンズマメのスープ

アボカドはまた、タコス、エンチラーダ［トルティーヤで具材を巻き、チーズやソースをのせてオーブンで焼いたもの］、フラウタス［トルティーヤで具材を巻き、油で揚げたもの］、パヌチョス［油で揚げたトルティーヤに具をのせたもの］、サルブテス［パヌチョスに似ているが皮が少し薄い］、トルタス［メキシコ風サンドイッチ］など多くのメキシコ料理の具材に使われている。また半分に切った殻付きのアボカドにピカディーヨ［ひき肉と細かくきざんだ野菜の煮物］やセビーチェ［魚介と野菜のマリネ］やローストチキンを詰めた料理はコースのメイン料理になっている。中南米一帯でサラダにいちばんよく使われる材料はアボカドだ。バルバコア［バーベキューの原型］のさいには、アニスのような香りをだすためにアボカドの葉を肉にこすりつけたり、たき火の中に投げこんだりする。豆を煮る鍋にも、風味づけにアボカドの葉を入れることがある。

アボカド・コーヒーシェイク

アボカドが世界中に広まるにつれて多くの国々がそれを受けいれ、それぞれの食文化に合わせてアレンジしていった。ブラジルでは砂糖をかけたりしてデザートのような食べ方をすることが多い。角切りのアボカドを甘いコンデンスミルクと混ぜて、ゴロゴロと具が入ったミルクシェイクのようにしたものは、人気の朝食メニューだ。インドネシアではコーヒー・アボカド・ミルクシェイクやチョコレート・アボカド・ミルクシェイクが流行している。アボカドのピュレを甘いコーヒーに入れたものは朝の目覚まし用のドリンクや午後にシャキッとしたいときの飲み物として愛されている。

1982年には、ミセス・ムルニアタ・ウィジャヤがインドネシア・アイスドリンク競技会において、アボカド、ジャックフルーツ、ココナツ、甘いコンデンスミルクと氷を合わせたオリジナル・ドリンクで優勝を勝ちとった。彼女はこの飲み物を「エス・テレル」と名づけたが、これは「酔いしれた氷」というような意味らしい。ウィジャヤ家の人々はこの機会を利用してひともうけしようと考え、大型ショッピングセンターの外に飲み物の小さな売店を作り「エス・テレル77」と名づけた（77はインドネシアの中国系市民の社会では縁起のよい数とされている）。この飲み物は大ヒットして事業はフランチャイズ化され、今ではインドネシア、マレーシア、シンガポールに合わせて200店以上あり、オーストラリアにも4店ある。

アボカドを使った甘い飲み物はアフリカにも広まっている。モロッコではミルクとつぶしたアボカドを混ぜて砂糖で甘味を、オレンジフラワーウォーターで香りをつけたアボカドミルクが特に人気で、ほとんどのコーヒーショップやミルクバーで飲むことができる。エチオピアでは、スプリス

インドネシアの冷たい飲み物、エス・テレル。

凍らせたアボカドにコーヒーを注ぐ一品

というつぶしたアボカドと何種類かのフルーツジュース（イギリスの炭酸入り栄養ドリンク「ビント Vimto」を使う店もある）を層にして注いだものがよく飲まれている。

サハラ砂漠以南のアフリカではアボカドを使った料理もよく見かける。ガーナではどこの街角でも、パリパリしたバゲットにアボカドをのせた軽食用のサンドイッチが売られている。西インド諸島のハイチでも街角で同じようなサンドイッチを買うことができる。ペルーではスティック状のパンにチーズとアボカドを詰め、油で揚げたものが食べられている。グアテマラではちょっと豪華な朝食メニューとして、半分に切ったアボカドのタネをとったところにスクランブルエッグとアンチョビをのせたものがある。日本ではスライスしたアボカドに醤油とわさびをつけて食べたりもする。

良かれ悪しかれ、アボカドはミレニアル世代［西

エチオピアのアボカドジュース

暦2000年代に成人に達した世代」のライフスタイルのシンボルになっている。2018年にはインスタグラムにつけられたアボカド関連のハッシュタグは40万個を超えており、それ以後も増える一方だ。今やインスタグラムに投稿されたアボカドトーストの写真だけでも約120万点、それ以外のアボカド創作メニューの写真は数えきれないほどある。

◉ソーシャルメディアとアボカド

アメリカ最大のマッチングアプリ zoosk.com によると、自己紹介にワカモレが好きと書きこめば、関心を示すメッセージを受けとる確率が144パーセントも上昇するという。イギリスの鉄道会社ヴァージン・トレインは2018年に、26歳から30歳まで（ミレニアル世代）の利用者がアボカドをひとつ持ってミレニアル・レールカードを買いにくれば、33パーセント値引きするというlつ週間のキャンペーンを行った。アボカドはミレニアル世代のシンボル的な食べ物になっているのだ。

ソーシャルメディアに夢中になっているこの世代にとってアボカドは完璧な食材だ。栄養があっておいしくてしかも写真映えする。オンラインでは「アボカドろうぜ "let's avocuddle"」［avocuddleは「寄りそう」「抱きあう」という意味のカドル cuddle とアボカドをかけた造語］という言葉が大流行し、2016年にはアボカドの絵文字が登場した。アボカドは手軽に食べられ、罪悪感をいだくこと

人気のブランチ、アボカドトースト。ここではカットされたアボカドがバラの花のように美しく盛りつけられている。

なく濃厚な味を楽しむことができ、インスタグラムにあげれば注目される。消費行動について研究しているネイサン・グリーンスリットは「われわれは物を消費するのではない。その物が属している社会の階層を消費するのだ……われわれが〔ある商品を〕買うとき、その行動はわれわれのジェンダーを、家庭を、そして社会階層を推測させるものを買っている」と言っている。ミレニアル世代にとってアボカドを消費するということは、自分に関するそれらもろもろのことを表現することなのだ。

◉あこがれのアボカドトースト

ニュー・ステイツマン誌によれば、21世紀の最初の20年間におけるあこがれのライフスタイルを代表する食べ物はアボカドトーストだそうだ。現在のアボカドトースト・ブームの火付け役は1993年に初めてこのメニューを出したメルボルンのシェフ、ビル・グレンジャーだと言われている。しかしトーストとアボカドの組みあわせはずっと昔から存在した。スペインからメキシコにやってきた植民者たちはアボカドを「マンテキーリャ・デル・ポブレ mantequilla del pobre」つまり「貧者のバター」と呼んでいた。したがって少なくともスペインによる支配の始まったばかりの頃には、アボカドがバターとして使われていたわけだ。そして早くも1840年代には、塩とコショウで軽く味つけしたアボカドをのせたトーストの記事がイギリスでも見られるようになっていた。

アメリカの新聞に初めてアボカドトーストが登場したのはデイリー・アルタ・カリフォルニア紙上であり、1885年のことだった。カリフォルニア州サンガブリエルのコルヴィナ・アルグス紙は1920年の記事で、アボカドをフォークでつぶして焼き立てのトーストに塗る食べ方を読者に指南している。また1927年にはサンフランシスコ・クロニクル紙が独自のレシピを紹介している。

ニューヨーカー誌に南カリフォルニアの文化に関するユーモア・エッセイを書いていたS・J・ペレルマンは1937年5月号に、全粒粉のパンをトーストして作ったアボカドサンドイッチをライムジュースで飲み下した人の行動を面白おかしく書いている。これを読むと、当時すでにアボカドとトーストの組みあわせがヘルシーさをうたい文句にする食べ物として広く普及していたこと、ときにはヘルシー志向に対するからかいの対象にもなっていたことがわかる。1962年にはニューヨークタイムズ紙がアボカドの変わった食べ方としてトーストサンドを取りあげている。

話をもどそう。メルボルンのシェフ、ビル・グレンジャーは1993年に自分の名前をつけたカフェ「ビルズ」のメニューにアボカドトーストを加えることにした。きっかけは店の賃貸契約だった。契約には、営業時間は午前7時30分から午後4時までで、アルコール類は販売しないという条件がついていた。夜は単価の高いメニューとアルコールがよく売れるかせぎ時なのに商売ができない。それなら単価の安いメニューばかりの朝食時間に、少し値の張る品を提供するしかない。そこで思いついた解決策のひとつがアボカドトーストだったという。

2017年、フードライターのジョン・バードサルはボナペティ誌に、アボカドトーストは「いいもの、悪いもの、最高に気どったもの、質素なもの、やっかいなもの、そして……そう、おいしいもの。今のアメリカの食を形容するすべての形容詞があてはまる」と書いた。そして、レストランはどこも「絶対にハズレのない料理——どこのスーパーマーケットでも売っている野菜の味がする果物を、ほかの何よりもシンプルで誰が食べてもほっと安心する食べ物の上にのせたもの——でとりあえず利益を上げようと躍起になっている」と続けている。

女優グウィネス・パルトローは自分が書いた料理本『イッツ・オール・グッド *It's All Good*』でアボカドトーストをとりあげ、アボカドとヴェジネーズ［卵のかわりに大豆プロテインを使ったマヨネーズ］と海塩の組みあわせを「聖なる三位一体」と名づけ、「お気に入りのジーンズのように、頼りになって、気楽で、自分にピッタリするもの」だと書いた。彼女が何かをお気に入りだと言えば、それはあっという間に大流行する。ニューヨーカー誌の２０１７年7月13日号にライターのネイサン・ヘラーは「アボカドトーストの大統一理論」というタイトルの記事を寄せ、アボカドトーストの人気について次のように述べている。

それはいかにも流行を追う人々のための食べ物だ。小さくて栄養があり、洗練された感じがして、人と分けあうことができ、好みに合わせてアレンジできる。上品にナイフとフォークで食べることもできる。手で食べても汁がたれたり飛びちったりすることがない。炭水化物恐怖症の人がアボカドだけ食べてパンを残しても、馬鹿だとは思われない。カロリーを計算しやすくするためなのか、あるいは見知らぬ異国でも特別な注文をしやすくするためなのかはわからないが、アボカドトーストはじつにシンプルなしろものだ。トーストの上のアボカドは新鮮そのもの。マッシュしたアボカドを1時間も放置すれば、もうとても見られたものではないのだから。その点ではアボカドトーストは究極の国際人向きの料理だ。なじみのない場所でもなじみのあるものを求める人のための料理だ。

イギリス版ヴォーグ誌には、アボカドトーストは自分で作れるからいかにも自分の食べ物という感じがする、とも書いてあった。

多くの国に見られることだが、オーストラリアでもアボカドトーストはミレニアル世代のライフスタイルに対する批判の種のひとつになっているようだ。たとえばメルボルンの不動産王ティム・ガーナーは、アボカドトーストとしゃれたコーヒーに多額の金銭を浪費するミレニアル世代は「金銭感覚がおかしい」と指摘している。彼は「私が初めて家を買おうとした頃は、つぶしたアボカドに19ドル払ったり、1杯4ドルのコーヒーを4杯も注文はしなかった」と苦々しげに語っている。オーストラリアン紙のコラムニスト、バーナード・ソルトも「しゃれたカフェに通う不届き者たち」と題した記事でガーナーに同調している。「雑穀パンのトーストにつぶしたアボカドとフェタチーズをのせたものを若い人たちが注文するのを見かけることがある。1皿22ドル以上する。週に数回も22ドル使うなら、すぐに家一軒分の頭金ぐらいになるだろう」。

それに対してメルボルンのあるカフェは、さっそく「退職者プラン」と名づけたアボカドトーストの特別メニューを10ドルで提供しはじめた。別のカフェのオーナーも冗談まじりで「アボラッテ」という名の飲み物を考案した。アボカドの果肉をすくい取ったあとの殻にカフェラッテを注いだものだ。もちろんこれは批判にユーモアで対抗する手段だったが、そんな皮肉はどこへやら、アボラッテは世界中のレストランに広まったのだった。

アボカドトーストはアメリカ、イギリスでも大人気だ。ニューヨーク市のカフェ・ジタンはアメリカにおけるアボカドトースト人気の火付け役だと言われている。インスタグラムでチリフレークをふりかけたアボカドトーストの写真を見かけたら、それは少なくとも２００６年からそのようなアボカドトーストを提供しているカフェ・ジタンにならったものと見ていい。２０１７年のアメリカではアボカドトーストを知らない人はいなかったから、トランプ大統領の就任式での抗議には「アボカドにも人種差別をしてみろ！　白人は思い知ることになるぞ！」というスローガンも見られた。

２０１７年、クレジットカード決済会社スクウェアの計算によるとアメリカ人全体が1か月にアボカドトーストに支払った金額は（一枚平均6ドル78セントと見て）１００万ドル近かった、とタイム誌が報じている。当然ながらひとりあたりの消費額で第1位だったのは、アメリカで初めてトーストをメニューに出したベーカリーカフェ「ザ・ミル」があるサンフランシスコだ。驚くのはアボカドトーストのような斬新なメニューよりカントリーミュージックとスパイシーなフライドチキンで有名なナッシュビルが第3位に入ったことである。

２０１５年にはイギリスのスーパーマーケット「ウェイトローズ」が、人気料理研究家ナイジェラ・ローソンが彼女の番組でアボカドトーストの作り方を紹介したあと、アボカドの売り上げが30パーセント増えたと報告している（もっともイギリス人のすべてがその番組に感銘を受けたわけではない。デイリーメイル紙は「彼女は今度はお茶の入れ方を教えるつもりだろう」と皮肉っていた）。

アボカドトーストは人気メニューだが、それを提供する飲食店の側から見れば、アボカドの値段の高さは常に頭痛のたねだ。２０１６年にはアボカドの価格が急騰し、多くの店がメニューからアボカドを除外せざるをえなくなった。ある店主が世界の終わりを意味するハルマゲドンにかけて「アボゲドン」と呼んだ事態である。アメリカで一二を争うメキシカンファストフードチェーン「チ

アボカドバタークリームをはさんだチョコレートケーキ

ポトレ」は、アボカドの値段が上がりすぎたらメニューから外すとつねづね脅しをかけているが、今のところそのようなことは起こっていない。飲食店によってはアボカドを使うメニューを季節商品あつかいにして、安く豊富に入手できるときだけ提供し、値上がりしたらメニューからのぞくところもある。アボカドが値上がりするとふざけて「ワーカモーラァ guacamoolah」などと言う店主もいる。オーストラリアで2016年に「アボカド不足」の嵐が吹き荒れたときは、国中でアボカド泥棒事件が頻発して大問題になった。「夜間は店内に現金もアボカドも置いてない」と張り紙を出す店まであったということだ。

何であれ大流行した食べ物は、人気の絶頂までゆくと反動が起こるものだ。ロンドンのふたつのカフェ、ワイルドフラワーとファイアードッグは、社会と環境に負荷をかけすぎているとの理由でアボカドを完全に排除した（ワイルドフラワーは、これからはアボカドに代わるファッショナブルな野菜としてスウェーデンカブを顧客に勧めている）。最近はSNSでハッシュタグ「アボカド過剰」（#overcado）を目にすることが増えており、ソーシャルメディアで注目されるインフルエンサーの中でも最先端を行く人々は、もはやアボカド人気は落ち目だと見ているらしい。

◉アボカドカクテル

アボカドはカクテルメニューにも進出しつつある。ボストン・アボカドというカクテルはアボカドとケールのピュレ、ウォッカ、レモンを使い、ふちにパン粉とカイエンヌペパーをつけた脚つきのグラスで供するもの。寒い季節向きのアボカド・ホットトディはアボカドの種を入れて抽出した紅茶とテキーラを合わせ、アガベシロップを加えたものだ。

アドボカート（advocaat）というのは卵黄、スピリッツ、ブランデー、バニラ、砂糖などで作る濃厚なクリーム状のオランダのリキュールだが、フードライターのビクトリア・ハンセンは、これは南米大陸北岸にあったオランダ植民地のスリナムで考案されたもので、はじめはアボカドを使っていたと主張している。もとの形はつぶしたアボカドをたっぷりのブランデーに混ぜ、砂糖を加えたものだということだ。

伝説によれば、１６５４年にオランダ人がブラジルの北東部にあった砂糖製造のための植民地を失ったとき、植民者の一部はアボカドの苗とアドボカートのレシピをもってインドネシアのオランダ植民地にわたった。やがてオランダ本国に帰った彼らは、寒冷でじめじめした気候のせいでアボカドを育てることができなかった。必要は発明の母ということわざどおり、南米の植民地で飲んだ味が忘れられなかった人々はアボカドの代わりになる濃厚でクリーミーなものを捜して卵黄にたどりついたという。

この飲み物の名前「アドボカート」はオランダ語の「弁護士」と同じである。このとろみのある飲み物は、一日中しゃべり続けるのが仕事の弁護士の疲れたのどをいやすのに最適だったからその名前になったのかもしれない。おそらく、最初は「弁護士の飲み物」という意味のオランダ語、ア

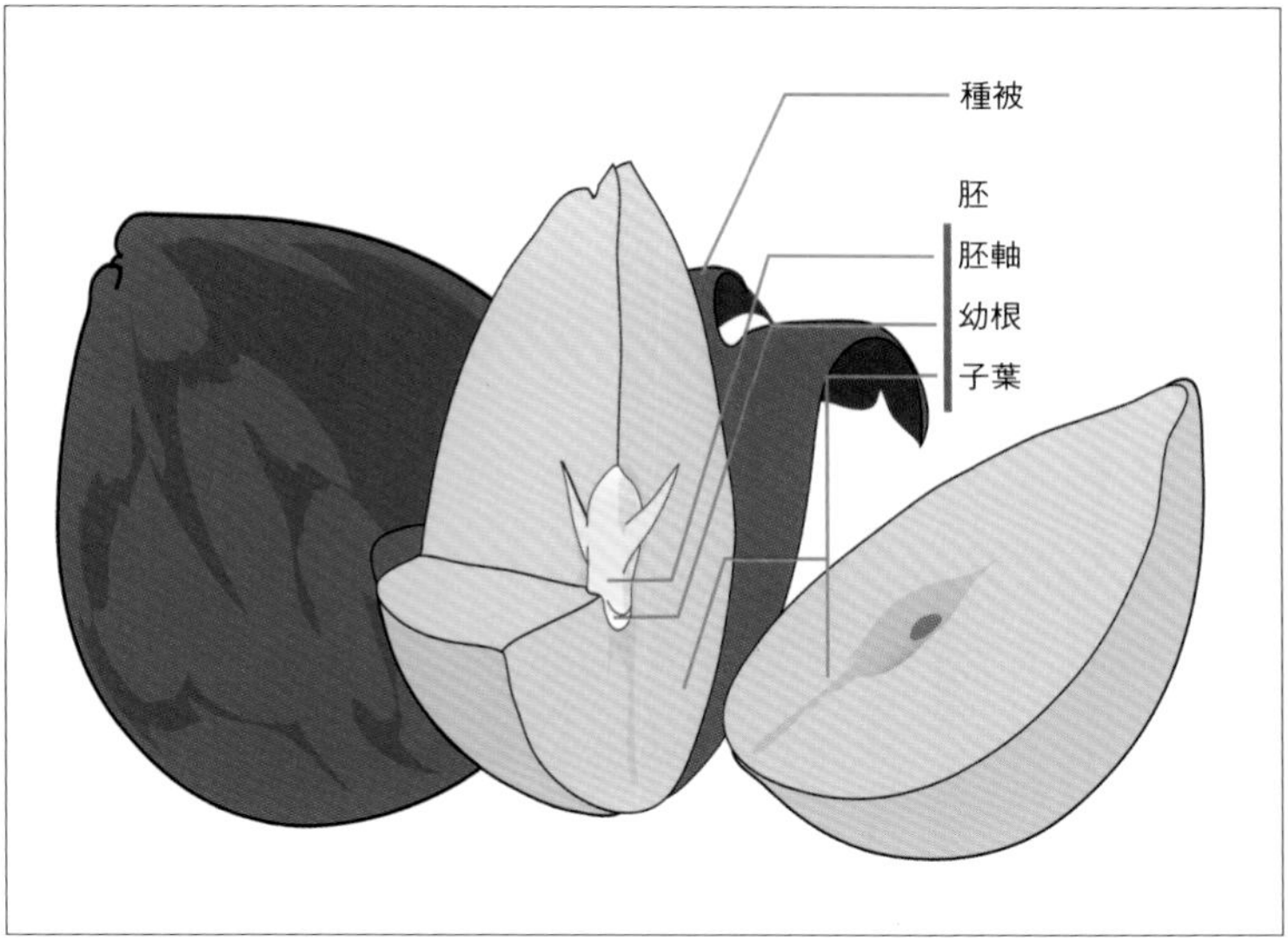

アボカドのタネの中。中心に胚がある。

ドボカーテンボレル（advocaatenborrel）と呼ばれていたのが短くなったのだろう。

●果肉以外の利用法

アボカドの果実でいちばん商品価値があるのは果肉だが、その他の部分にも使い道はある。たとえばタネをつぶすとアーモンドミルクのような液体が出てくる。その液体は空気にふれると濃い赤褐色になる。メソアメリカの先住民はそれをインクとして使っていたし、後に中南米を支配したスペイン人も法的な書類やさまざまな文書を書くのに使っていた。このインクはとても変質しにくく、今も当時の書類を読むことができる。色落ちしないため、かつては衣類に模様をつけるのにも使われていた。

メソアメリカの人々はこの液体を薄めたものを口紅のようにも使っていた。乾燥させた種子と皮を粉々にしたものは布を染めるのに使うこともできる。布をアボカド染めやその他の草木染にするときはアボカドの樹皮を細く裂いて入れた染液《せんえき》の中でしばらく煮ることで色止めしていた。メソアメリカの人々は粘土にアボカドの果肉を混ぜて日干しレンガを作ることもあった。

アボカドの木はたきぎにする以外にほとんど使い道がない。見た目は美しいから木工品を作るのに向いていそうだが、もろくて折れやすいうえに白アリがつきやすく、木についた菌類のはたらきで変色しやすい。外見はユーカリの木に似ている。

代替自然療法のひとつであるホメオパシーにも、アボカドのいろいろな部位が使われている。代替医療には、体液の流れが病気を起こしたり治療したりするという古代からの考え方にもとづく治療法がいろいろある。たとえば木の葉などは体を乾燥させ温める働きがあるとされ、寒さと湿気が原因らしい体調不良を訴える患者に処方される。反対に果肉は湿気を与えて冷やす働きがあるとされ、乾燥と熱が原因とみられる症状の患者に処方されるのだ。

メキシコではアボカドの皮を使った湿布が、せきをしずめたり打ち身の回復を早めたりするために使われている。皮にはあまり知られていない抗生物質のようなものが含まれていることがわかっているが、皮に含まれるそれ以外の化学物質は、全般に健康には有害である可能性が高い。タネを焼いて砕いた粉末は下痢や赤痢の治療に使われる。タネの粉末は組織や血管を収縮させる働きがあるので、そうした機能が必要なケースに使われている。

ホメオパシーの治療者は果肉をつぶした湿布を頭皮に当てて発毛の増進をうながす。またタネの粉末は頭皮のふけの予防によいとも言われている。ナイジェリアではタネの粉末が高血圧の治療に用いられる。この治療の有効性を示す研究が最近発表されたが、研究はまだ準備段階にすぎない。タネの粉末が幼虫駆除剤や抗真菌剤として使われている地域もある。

ホメオパシー医療では、歯槽膿漏の治療にアボカドの葉をかむ方法をとりいれることがある。下痢をおさえたり、喉の痛みを治したり、月経の量を調整するために葉を煎じたお茶を飲むことも行われている。アボカドの葉の新芽とタネの粉末を煮だしたものは妊娠中絶薬として使われる。ただしホメオパシーにアボカドの葉を使う場合は細心の注意が必要である。アボカドの葉に含まれるペルシンは殺菌作用のある毒素で、細胞ＤＮＡの働きを阻害したり、疝痛などの胃腸障害をひきおこしたりする可能性があるからだ。

マルマ・アボカド農園（南アフリカ）

付録◉アボカドの品種

ハス種

アボカドの小売り市場はハス種に支配されているが、小規模な農園や家族経営の農家を見ればまさに何百種類ものアボカドが栽培されている。アボカドを商品作物として大規模に栽培する農園はハス種一本にしぼっている。世界中の市場をハス種がほぼ独占している現状では、他の品種はなかなか人目にふれることがない。

消費者はアボカドがいつでも手に入ることを当然だと思っているが、ほとんどの農作物がそうであるようにアボカドにも決まった収穫期がある。アメリカで栽培されているハス種の収穫期は大まかに言って4月から9月のあいだである。メキシコのミチョアカン州ではさまざまな標高の土地で栽培されているのでほとんど一年中どこかで収穫できるが、収穫が多いのは8月から4月だ。

それぞれの土地が補完しあうことと保存技術が進歩したことで、まずハス種がアメリカ市場で

1年を通して出まわるようになった。ヨーロッパ市場でもハス種が北半球の産地と南半球の産地の両方から入ってくるので、消費者はいつでもハス種を入手できる。

フエルテ種

ハス種は世界中の市場に広く出まわっている圧倒的な人気の栽培種だが、過去にはフエルテ種がその地位を奪ったことがある。フエルテはスペイン語で「強い」を意味し、1913年に南カリフォルニアを襲った「13年寒波」のさいにこの種だけが生き残ったことでこの名前がついた。

果実の大きさはハス種とほぼ同じだが、皮革のようにも見える外皮をもち、果肉は脂肪分が多くて黄色っぽい。熟しても外皮の色は緑のままでほとんど変わらないので、指で押してやわらかさを感じるかどうかが成熟の度合いを知る基準になる。

脂肪分の多いフエルテ種の食べ頃は冬で、果肉にはヘーゼルナッツを思わせる風味がある。アボカド通のあいだでは、フエルテ種の味がいちばんいいとの定評もある。他のほとんどの品種はいったん成熟すればすぐに傷んでしまうが、フエルテ種は成熟してからの食べ頃の期間が比較的長い。市場に出るカクテルアボカドはほとんどがフエルテ種で、性的に未熟だったため種子ができなかった果実である。

シェパード種

フエルテ種に似ている。もとは北半球で栽培されていたものだが、今ではオーストラリアで広く普及している。

味についてはハス種やフエルテ種と比較されることも多いが、ときにネバつくとも評される食感のせいか、あまり多数の支持は得られていない。アボカドのすべての品種の中でも一二を争うほど酸化のスピードが遅いので、切ったあとも色が茶色くなりにくい。アボカドトーストには向いていてオーストラリアでの人気はそのせいだと思われるが、ワカモレには適さない。

リード種

アメリカ・カナダ・イギリスで多くの店舗を展開している自然食品スーパーマーケット、ホールフーズの仕入れ担当者ジェームズ・パーカーは、リード種こそハス種の圧倒的支配をくつがえす可能性がもっとも高い品種だろうと言っている。

リード種はソフトボールほどのサイズがある大玉の品種で、重さも４５０グラム近いことがある。比較的タネが大きいが、果実全体が大きいからハス種より可食部が多い。果肉は黄緑色で、ハス種によく似たバターのようなナッツのような風味がある。

生育はハス種より早く、同じ広さの土地で比べるとハスより多くの実をつけるが、灌漑用水はより少なくてすむ。これは、リード種のおもな生育地であり土地と灌漑用水にかかる毎年の費用が馬鹿にならないカリフォルニアでは、ひとつの強みになる。リード種はこの特徴のおかげで、灌漑用水が不足しがちなオーストラリアでも生産者の人気を集めている。

皮は緑色なので、食べ頃を判断するには指で押してみる必要がある。

ジェム種

ジェム種もハス種の王座をうばう可能性をもつ品種のひとつだ。カリフォルニア大学でこの品種を開発した育種家グレイ・E・マーティン（Gray E. Martin）の頭文字をとってGEMと名づけられたこの品種はハス種から作られたグウェン種を改良したもの、つまりハス種の孫娘に当たる品種である。

したがってハス種の風味や食感の多くを受けついでいるが、1本の木により多くの果実をつける一方、木そのものはハス種ほど大きくならない。そのおかげで収穫の手間が減り、収穫にかかる費用が節約できる。さらに、ほとんどのハス種の収穫が終わって市場に出たあとにジェム種の実が熟すので、アメリカ産アボカドが一年中店頭にならぶことになる。長いあいだ木につけたままにしておいても品質が落ちないので、生産者は余裕をもって収穫できる。

アボカドは柿と同じように果実が多くできる「なり年」と実りの少ない「不なり年」を一年おきに繰り返すタイプの果樹なのだが、ジェム種はハス種ほど「なり年」と「不なり年」の差が大きくないことも生産者にとっては好都合だ。

ジェム種は外皮が緑色の種類だが、熟してくるとかわいい金色の斑点が出てくるので、消費者は成熟の進み具合を目で見て判断できる。どの種類かわからないようにして味だけを比べる「目かくしテスト」をしてみると、ハス種より高得点をとることも多い。

市場に出まわっているアボカドの中ではジェム種がいちばん酸化速度が遅いので、切ったあと茶色っぽくなるのも遅い。これは消費者に対しても飲食店に対しても強力なアピールポイントになるはずだ。

ジェム種はすでにヨーロッパで広く受け入れられており、イギリスのスーパーマーケットチェーン、テスコではアボカドコーナーの呼び物になっている。

ラムハス種

ラムハス種はハス種の遺伝子をかなり多く受けついだ交雑育種である。一般のハス種より大玉で、重さが450グラムを超えるものも多い。ハス種と同程度にすぐれた風味をもち、熟せば外皮が黒くなるのでひと目でわかる。

一般のハス種より遅く収穫されるので、ハス種が減ったあとの市場の穴をうめるのに好都合だ。市場関係者にとって大玉であることは必ずしも利点ではないかもしれないが、カリフォルニアの生産地ではラムハス種を植えつけるところが増えている。

ピンカートン種

これはカリフォルニア産の期間限定の品種で、タネが小さく、風味や食感のテストでは高得点を獲得している。ハス種より木が折れにくくて丈夫なので風による被害を受けにくい。

アボカドファンの多くは、ピンカートン種はハス種と同程度の食感の良さをもち、味はハス種よりおいしいくらいだと評価している。熟してくると黒っぽい斑点が出るので、食べ頃もひと目でわかる。

収穫期が短く、栽培数も少ないので「知る人ぞ知る」存在だが、見つけて食べてみる価値はある。

ベーコン種

この品種名は開発者のジェームズ・ベーコンの名前からつけられたもので、残念ながらベーコンの味がするわけではない（もしそうだったら、とてつもなく稀少価値のあるアボカドになっただろうが）。

これはグアテマラ種に属し、ハス種などのメキシコ種よりも果肉に脂肪分が少なく、水分を多く含むアボカドである。ベーコン種にはかすかな甘味があるので、水分の多さとあいまってスムージーには最適だ。外皮は緑色なので、食べ頃は指で押して確認する。

味や食感がよく似ているズタノ種と同様、ベーコン種もハス種との異種交配用に育てられることが多く、果実のほとんどは加工業者に送られるので小売店の店頭には少ししか出まわらない。

シャーウィル種

これはメキシコ種とグアテマラ種を交配してオーストラリアで作られた品種である。オーストラリアでは人気がある。ハワイでも人気があり、商業的に生産されているアボカドはほとんどがシャーウィル種だ（個人宅の裏庭などでもたくさん育てられている）。

シャーウィル種は市場に出まわるアボカドの中ではもっともタネが小さいうちのひとつだが、非常に大きな実をつける（大きさの世界記録をもつのはハワイ産シャーウィル種で2・5キロあった）。つまりひとつの実に果肉がたくさんあるということになる。一般にオーストラリア産のシャーウィル種はハワイ産の栽培亜種コナ＝シャーウィルよりは実が小さい。果実はハス種と同様に脂肪分が高いので、食感も味もよい。緑色のアボカドの部類に入るが、熟すとハス種のように黒っぽくなるものもある。

総合的に見て、シャーウィル種は非常にすぐれた品種として評価されている。アメリカ農務省は害虫の侵入を防ぐためとして、何年か前までハワイ産のコナ＝シャーウィルをアメリカ本土に持ちこむことを規制していた。現在では寒冷な気候の州にかぎりこの規制は撤廃され、東海岸の州で栽培されている。

チョケテ種

チョケテ種はフロリダ州でもっとも広く栽培されているので、フロリダ種と呼ばれることもある。

メキシコ種とグアテマラ種とを交配したもので、市場に広く出まわっている品種の中では実が大きいほうだ。

風味、食感ともにすぐれ、フロリダに多い害虫への抵抗力も強いので州内でひろく栽培されている。多くの品種の中でも脂肪分が非常に少なく、アボカド業界では「ダイエットアボカド」と呼ばれている。脂肪分が少ないのは水分を多く含んでいることが関係しており、これは品種を問わずフロリダ産のアボカドの多くに共通する特徴である。チョケテ種はほかのアボカドより水分量が多いわりには、カットしたりつぶしたりしてワカモレを作っても形がぐちゃぐちゃにならない。

チョケテ種はハス種の猛烈な販売攻勢が始まる前からアメリカの東海岸では一定の知名度を得ていたので、今も人気がある。

メキシコーラグランデ種

メキシコーラグランデはすぐれた品種として定評のあるメキシコーラ種の一種である。新しい品種だが、アボカドファンなら一度は食べてみるべきだ。

果実は明るい黄色から始まって、しだいに濃い紫色になり、アボカドというよりナスの成長を見ているようだ。皮は爪で穴をあけられるほど薄い。カクテルアボカドと同じく皮も食べられるが、皮はおいしくはない。味はナッツのようで非常に濃厚だと言われている。葉も食べることができ、アニスのような香りがする。

メキシコーラグランデ種はアボカドとしてはめずらしく自家受粉でき、植木鉢でもよく育つ。低温と霜に対してはもっとも強い品種とされ、他の品種よりかなり気温の低い地域でも生育できる。屋内の植木鉢でアボカドの木を育て、実をならせてみたいと思うなら、メキシコーラグランデ種がいちばん成功の確率が高いだろう。インターネットには苗を販売するサイトがいくつもある。ただし外国からの農産物の輸入にはさまざまな規制があるので、購入する前によく調べる必要がある。

謝辞

私に本書執筆の機会を与えてくれたリアクション・ブックス社のマイケル・リーマンとエディブル・シリーズの編集担当者アンドルー・スミスにお礼申し上げる。本書のアイディアが生まれたのは「食物と料理法に関するオックスフォード・シンポジウム」のディナーの席上だったが、それがこうして実を結んだことに心から感謝している。

コロラド州立大学の健康・人間科学部長マイケル・パリャソッティ博士には特に感謝を捧げたい。私の研究は学部の他のメンバーの研究から少し横道に外れたものだったが、人とは違う道を歩く私にも博士は驚くほど協力を惜しまれなかった。ご厚誼に心からお礼申し上げる。

訳者あとがき

　本書『「食」の図書館　アボカドの歴史』はイギリスのReaktion Booksより刊行されているThe Edible Seriesの一冊、ジェフ・ミラー著*Avocado: A Global History*の全訳である。このシリーズは2010年に料理とワインに関する良書を選定するアンドレ・シモン賞の特別賞を受賞している。

　一昔前なら、レストランの前菜にカクテルグラスに盛られたアボカドシュリンプサラダが出てきて初めてアボカドを知った人もあったはずだ。その美しい色とねっとりとした食感、初めて体験する味に感動し、これは何？　アボガド？　え、違う？　アボカド？　へええ……という会話もあったはず。それが今や、テイクアウトのサンドイッチチェーンや回転鮨のメニューでもすっかりおなじみの食材になっている。その理由のひとつには、著者が言うようにアボカドは唯一無二の存在、つまりよく似たもの、代わりになるものが見当たらないことがあるのだろう。

　アボカドが現在の地位に上りつめるまでの歴史はじつに興味深い。そもそもは数百万年も昔に南北アメリカ大陸をつなぐパナマ地峡が形成された頃、まだ人類がそこに到達する前のメキシコから中南米にかけての地域でアボカドはすでに自生しており、草食巨大動物がその果実を食べていたということだ。アボカドの木は巨大な動物たちに果実を食べさせ、移動した先で糞とともにタネを落とさせるという戦略で生育地を広めたのだという。動物に好まれるように脂肪分を豊富にたくわえ、丸ごと飲みこんで糞とともに排出できる大きさのタネをもつよう進化したのだ。

巨大動物が絶滅したあとは人間がアボカドの生育地を広める役割をになうようになる。スペイン人が南北アメリカに到達する以前のメソアメリカ文明圏では、カロリーが豊富なアボカドはトウモロコシなどとならんで先住民に好んで食べられていた。ヨーロッパ人の入植後は少しずつ中南米以外の地域でも栽培されるようになり、19世紀にはアメリカ合衆国でも栽培が始まる。当初はこの新奇な果実のマーケティングに苦労もあったようだが、西暦2000年前後の健康志向の風潮やエスニックブームにのって、ついに現在の地位を獲得するにいたったわけである。今では南極大陸を除く地球上のすべての大陸でアボカドが栽培されている。

しかしアボカドに驚くほど多くの品種があることを知っている人は少ないのではないだろうか。世界の市場を現在圧倒的に支配しているのはハス種だ。これは熟して食べ頃になると皮の色が黒くなる。ときどき皮が緑色のまま熟してやわらかくなってしまう品種もスーパーなどで見かけるが、これは別の品種だ。日本ではなんでも「アボカド」として品種までは明示せずに売られていることが多いから、付録のリストをご覧になれば驚く読者もあると思う。本書を読むと日本のスーパーでも品種名まで明示してほしいなという気もするが、多分無理だろう。

ちなみにハス種という品種名は、最初にそれを発見して育てたカリフォルニアの郵便配達人の名前からとられている。彼の発見は偶然だった――タネから育てたものの芽接ぎに失敗して放置しておいた木が、たまたまおいしい実をつけた――のだが、味の良さが評判になったので、ハスはそのアボカドの木で特許をとった。残念なことに、一度特許料を支払って苗を入手した生産者は接ぎ木でいくらでも増やすことができたから、彼が新品種から得た収入は取るに足らない額だったという。なんだか切ない話だ。

世界最大のアボカド生産国はもちろんメキシコだが、アボカドの人気が世界中で高まったせいで生産地では麻薬カルテルのような犯罪集団も暗躍しているらしい。生産者を脅迫して一定額の上納金を支払わせるのだという。政府や生産者団体もいろいろ対応策を取っているが、解決にはいたっていないようだ。日の当たるところには影ができるというのはどんな産業でも避けられないことなのだろうか、と思わずにはいられない。

今や世界中で愛されているアボカドは、それぞれの土地でそれぞれの工夫をこらして食べられている。これからも日々あらたなメニューが生まれていくことだろう。著者が本書で紹介しているレシピにはわさびや醤油を隠し味に使うものもある。日本人としては「我が意を得たり」というところだ。

最後になったが、本書を翻訳する機会を与えてくださり、作業にあたって多くの助言をくださった原書房の中村剛さん、オフィス・スズキの鈴木由紀子さんに心からお礼を申し上げる。

2021年1月

伊藤はるみ

写真ならびに図版への謝辞

図版を提供し掲載を許可してくださった以下の関係者にお礼を申し上げる。

Alamy: pp. 53 (Kirn Vintage Stock), 98 (Brett Gundlock); author's Collection: pp. 20, 90, 103; California Avocado Association: pp. 39 (Zachary Benedict), 62 (top), 62 (bottom), 67, 68; CoffeePassion: p. 135; Dontworry: p. 38; Bernard Dupont: p. 8; Edrean: pp. 85, 150; Mark Hofstetter: p. 63; Hungda: p. 106; iStockphoto: p. 6 (FotografiaBasica); Jack-intheBox: p. 86; Jennifer: p. 131; Gunawan Kartapranata: p. 136; LACMA (Los Angeles County Museum of Art): p. 32 (Purchased with funds provided by the Bernard and Edith Lewin Collection of Mexican Art Deaccession Fund M.2014.89.2); LadyofHats: p. 147; Andrew Mandemaker: p. 114; The Metropolitan Museum of Art, New York: p. 92 (The Jefferson R. Burdick Collection. Gift of Jefferson R. Burdick. Accession Number: 63.350.201.12.3); naretmx: p. 12; Rick J. Pelleg: p. 65; PikWizard: p. 55; Pixabay: p. 81 (ceguito); Pixnio (USAID): p. 84; Wilson Popenoe: p. 14; Raw Pixel: p. 107 (Edgar Castrejon); Pavel Riha: p. 17; Rafael Saldaña: p. 74; The San Diego Museum of Art: p. 34 (Museum Purchase with funds provided by Dean and Mrs Michael H. Dessent and the Latin American Arts Committee. Accession Number: 2001.17); Shutterstock: p. 132 (Moch Fathor Rozi); Forest and Kim Starr: p. 58; Bukulu Steven: p. 79; Storyblocks.com: pp. 118 (pantermedia), 119, 126 (allisomari); Unsplash: pp. 115 (Stoica Ionela), 138 (Brenda Godinez); USAID (U.S. Agency for International Development): p. 82; U.S. Department of Agriculture Pomological Watercolor Collection, Rare and Special Collections, National Agricultural Library, Beltsville, MD: pp. 28, 42, 43, 47; U.S. Patent Office: p. 49; Vegan Feast Catering: p. 144 (Janet Hudson).

参考文献

草食巨大動物の時代について

体重1トン以上の草食巨大動物は現在では非常に少なく，そのほとんどはアフリカのサハラ砂漠以南の地域に生息している。しかし更新世（約260万年前～約1万年前まで）には地球上のほとんどすべての大陸に，さまざまな草食巨大動物が生息していた。そうした動物は草原や森林の生態系のバランスをたもち，大きなタネをもつ果肉植物の種子を糞とともに広める役割を果たしていた。長いあいだ，この時代の人類が狩りをして獲物をとりすぎたせいで巨大動物が絶滅したのだと考えられてきたが，気候変動のせいで動物たちはすでに絶滅への道をたどっており，人類による狩猟はわずかに生き残っていた巨大動物の絶滅にとどめを刺したにすぎないと現在では考えられている。

種子を遠くまで届けるために草食巨大動物に果実を食べさせ，その移動先で糞とともに排出させる戦略をとる植物は少なくない。中央メキシコの高地という限られた地域に生息していた時代のアボカドにとって，草食巨大物は不可欠の存在だった。時代が下れば，人類という運び手がもっと遠い場所まで種子を運ぶことになるのだが。生態学者ダン・ジャンゼン（Dan Janzen）とポール・マーティン（Paul Martin）は，種子の運び手だった巨大動物とともに絶滅する運命にあったにもかかわらず，生き残った植物がいくつかあると言う。彼らは独創的な論文 'Neotropical Anachronisms: The Fruits the Gomphotheres Ate', *Science*, 215 (1982), pp. 19-27で，そのような植物を「亡霊」と呼んでいる。

そのような植物と動物の相互依存関係についての興味深い研究のひとつがコニー・バーロウ（Connie Barlow）著，*The Ghosts of Evolution: Nonsensical Fruits, Missing Partners, and Other Ecological Anachronisms* (New York, 2000）だ。彼女は同書でアボカドのような植物を，人類以前の種子の運び手が絶滅したあとも生き続けた「進化の亡霊」と呼んでいる。同様のテーマをあつかったものに，ゲイリー・ナブハン（Gary Nabhan）の *Enduring Seeds* (San Francisco, CA, 1989）がある。

植物としてのアボカドについて

ヨーロッパ人が新大陸に到達したときからアボカドの存在は知られていたが，植物学的な研究成果のほとんどは20世紀および21世紀にもたらされた。もっと

も広範な知識が得られるのは，4年に1回開かれる世界アボカド会議をきっかけに編まれた *The Avocado: Botany, Production and Uses*（Wallingford, 2013）で，これはアボカドに関する植物学的，農学的，技術的な研究成果が網羅された非常に価値のある書物である。

アボカドの栽培について

アボカドの品種について，あるいは苗の選別，育種，農園の管理などについて詳細な情報が欲しい人には，カリフォルニア・アボカド協会とカリフォルニア大学エクステンション・サービスが以下の無料のオンラインブック・シリーズを提供している。Mary Arpaia et al., *Avocado Production in California: A Cultural Handbook for Growers*, 2nd edn（San Diego, CA, 2013）, vol. I: *Background Information*, and vol. II: *Cultural Care*.

またカリフォルニア・アボカド協会は別個にアボカド栽培の方法を簡潔にまとめた書籍 *Growing for Quality: A Good Agricultural Practices Manual for California Avocado Growers, Version 1.0*（Irvine, CA, n.d.）を発行していて，以下のサイトで購入できる。www.calavo.com/store/pdfs/gap.pdf

同書にはさまざまな病害虫に関するカラー写真や果樹園経営における衛生，安全管理に関する情報が掲載されている。

近代におけるアボカドについて

アボカドは，メソアメリカ文明圏およびカリブ海諸島へ探検あるいは開拓のために渡ったスペイン人やイギリス人にはよく知られていたが，ほとんどの西洋人にとってはせいぜい好奇心をそそられる新大陸のめずらしい植物にすぎなかった。しかし19世紀後半に入ると南カリフォルニアやフロリダの農場主たちが農産物としてのアボカドの将来性に気づきはじめた。20世紀初頭，アメリカ農務省（USDA）に所属する農学者ガイ・コリンズはメソアメリカ地域を広く旅してアボカドに関する調査を行い，1905年に初の広範な報告を USDA Plant Industry Bulletin Number 77 に発表した。この報告書はアボカドに関するその後の多くの研究の基礎となるものだった。

1915年にアボカド生産者によってカリフォルニア・アワカテ協会が設立されると，品種の選択，育種，栽培管理，市場戦略などに関する研究がさかんに行われるようになった。この組織はのちに名称をカリフォルニア・アボカド協会と変え，年報を発行するようになった。この年報はアボカド業界の発展，アボカド販売を伸ばすための努力などについての貴重な情報源である。植物研究家

ウィルソン・ポペノーはアボカドの歴史，特にカリフォルニアにおけるアボカド栽培の黎明期のようすについてこの年報に多くを寄稿している。この年報の多くはアボカドについて，特にその栽培と農園管理に関する情報の普及に努めているホフシ財団（Hofshi Foundation）が運営するサイト avocadosource.com から入手できる。

ポップカルチャーにおけるアボカドについて

アボカドは私たちを夢中にさせる，あこがれの対象になった。そればかりか近年のポップカルチャーやソーシャルメディアでは冗談の対象にもなっている。食べ物に関するどんな大衆雑誌やウェブサイトやブログを見ても，アボカドのレシピや栄養についての情報が（ときには間違った情報も）ある。「アボカド」でグーグル検索をすれば，文字どおり何百万件もヒットする。アボカドを撮った写真はツイッターやフェイスブックなどでもっとも多く見かけるもののひとつだ。アトランティック，ニューヨーカーなどの雑誌やニューヨークタイムズ，ザ・ガーディアンなどの新聞を開けばもう少し真面目な記事を見ることができる。

アボカドのように一般的なイメージが確立された食べ物については，当然さまざまな料理本が出版されていて，中にはアボカドトーストだけをテーマにした本まである。ここにそうした本の例をいくつかあげておく。

Dalkin, Gaby, *Absolutely Avocados*（New York, 2013）
豊富な図版と食欲をそそるアボカド料理のレシピを満載した書籍。

Dike, Colette, *The Ultimate Avocado Cookbook: 50 Modern, Stylish, and Delicious Recipes to Feed Your Avocado Addiction*（New York, 2019）
タイトルが示す通り最新の食材を用いたスタイリッシュなレシピ本。

Ferroni, Lara, *An Avocado a Day*（Seattle, WA, 2017）
朝食用からデザート用までの幅広いレシピをすべて写真つきで紹介。

レシピ以外にも楽しみたい方には以下のような本もある。
Super Food: Avocado（London, 2017）
この本にはアボカドに関する雑学的な知識，レシピのほかにアボカドの美容成分が入ったフェイシャルマスク，アボカドシャンプー，アボカド染めの布といった関連商品の情報もある。

Langley, Andrew, *The Little Book of Avocado Tips* (Bath, 2018)
これもアボカドの品種や保存法，レシピなどの知識をいろいろ記した軽い読み物。

レシピ集

インターネットを見ればアボカドの調理法が次々に出てくるが，そのほとんどは生のまま使う方法だ。もちろんそれには理由がある。アボカドに熱を加えて調理しようとすると，加熱時間に比例してどんどん苦くなるからだ。ほとんどの食物は加熱すれば酸化する。ある程度の糖分を含んだものは，酸化すればキャラメル化またはメイラード反応（褐色反応）と言われる現象が起こる。これは料理においてはむしろ望ましいものだ。しかしアボカドの場合，加熱すると脂肪酸が酸化して酸化脂質となり，風味が強くなり苦みが出てくる。この変化は加熱時間が長いほど大きくなる。アボカドに含まれるタンニンも加熱により苦みを増す。

加熱調理したものにアボカドを添えたいときは，食卓に出す直前に添えたほうがいい。たとえばメキシコや中米諸国で好んで食べられているチキンスープの浮き実に角切りのアボカドを入れるような場合だ。どうしてもアボカドを加熱する必要があるときは，高温でごく短時間の加熱にとどめれば苦みをいくらか少なくすることができる。

アボカド料理と言えば誰でもまず思い浮かべるのがワカモレだ。このおなじみの料理は古代メキシコで始まったものだが，今では世界中に広まっている。おいしく作るコツは，シンプルに徹すること。完熟のアボカドにわずかな材料を足してできるだけ手をかけずに作れば，風味豊かで食感のいいワカモレ，つまりアボカドのディップができる。いくらでもアレンジできるので，グーグルでワカモレのレシピを調べれば何千万件もヒットするはずだ。1905年に「アボカドサラダ」のタイトルでアメリカ農務省の広報紙に初めてワカモレのレシピが載って以来，レシピは無限に増え続けている。

ほとんどのレシピに共通する材料はタマネギ類，柑橘類（おもにライムかレモン）の果汁，クミンやコリアンダーのようなメキシコ風のスパイス，トマト，少量のトウガラシ（ハラペーニョなど）と塩である。正統派を自任するレシピの多くはきざんだコリアンダーを入れるが，その石鹸のような香りには熱烈な愛好者がいる反面で大嫌いだと言う人も多い。

以下に紹介するのは筆者である私の好みのレシピだが，みなさんの好みに合わせて自由に材料を足したり除いたりしてほしい。調味料のマヨネーズと醤油には純粋主義者から抗議の叫び声があがりそうだが，このふたつを使うと食感，色，風味が格段に良くなる。

◉ミラーのワカモレ

よく熟したアボカド…2個

小さめのライム2個または大きめのレモン1個分の果汁
トマト（あればイタリアントマト）…1個を小さめのザク切りにしておく
大きめのエシャロット1個，または小さめの紫タマネギ½個…みじん切りにしておく
クミンパウダー…小さじ¼
ルイジアナ・ホットソースまたはタバスコソース…小さじ1
醤油…小さじ½
マヨネーズ…小さじ1
以下は好みで
好みで小さめのハラペーニョ…½〜1個のみじん切り
コリアンダーのみじん切り…少々

1. アボカドの皮をむき，タネをとる。角切りにしてボウルに入れる。
2. ボウルのアボカドの上から果汁を搾りかけ，やさしく混ぜてアボカドを果汁でコーティングする。
3. トマト，タマネギ，（好みで）ハラペーニョとコリアンダー，クミン，ホットソース，醤油，マヨネーズを加えて全体を軽く混ぜる。混ぜることでアボカドはいくぶん砕けるが，アボカドの形がゴロゴロと残っている状態が最高のワカモレなので，混ぜるのは必要最小限にとどめること。少し食べてみて，必要なら塩と黒コショウで味をととのえる。
4. 好みのトルティーヤチップスを添えたらすぐに食卓に出す。多くの品種でおいしいワカモレが作れるが，外皮が緑の品種の中にはカットしてつぶすと水っぽくなるものがある。この問題はマヨネーズを加えることでいくらか解消できるが，いずれにしても外皮が緑のタイプを使うとハス種よりは水っぽいワカモレになる。

…………………………………………

◉グリンピースのワカモレ

オバマ氏がアメリカ大統領だった頃，グリンピース入りのワカモレには賛成できない，とツイッターでつぶやいて物議をかもしたことがあった。このワカモレを最初にメニューにのせたのはレストラン「ジャン＝ジョルジュ」の有名シェフ，ジャン＝ジョルジュ・ヴォンゲリシュテンで，彼のワカモレにはグリンピースのほかにもローストしたヒマワリの種も入っていた。

ここで紹介するレシピにはヒマワリの種は入っていないが，フィッシュ・アンド・チップスに合うことは間違いない。なにしろイギリス名物フィッシュ・アンド・チップスに欠かせないグリンピースのマッシュにアボカドを合わせたものなのだから。ワカモレ純粋主義者の方々は激怒するかもしれないが，実際に食べてみるととてもおいしい。

グリンピース（さやから外したもの。冷凍したものでも可）…225g
ニンニク…1片（みじん切りにする）

小さめのレモンまたはライム1個分の果汁
小さめのトマト（あればイタリアントマト）…1個（ざく切りにする）
クミンパウダー…小さじ¼
ルイジアナ・ホットソースまたはタバスコソース…小さじ1
アボカド…1～2個（皮をむいて大きめの角切りにする）
塩，黒コショウ…少々

1. ソースパンにグリンピース，ニンニク，少量の水を入れてじゅうぶんやわらかくなるまで弱火でゆでる。水分が完全になくなってグリンピースが乾燥しないように気をつける。しっとりとしたゆであがりで，余分な水分が残っていない状態が理想だが，残った水分があれば捨てる。
2. ソースパンにレモンまたはライムの果汁を加え，グリンピースとニンニクによくなじませる。
3. ソースパンの中身をフードプロセッサーに移し，ピュレにする。フォークやマッシャーでつぶすだけでもいい。
4. そこにアボカドと他の材料を合わせて混ぜ，塩と黒コショウで味をととのえる。

……………………………………………

◉アボカド・マルガリータ

ワカモレ，トルティーヤチップスとマルガリータ（テキーラを使ったカクテル）は最高の組みあわせだ。当然，アボカド・マルガリータは絶品のはず。

テキーラ（ブランコ）…75*ml*
ハニデューメロンのリキュール…30*ml*
オレンジリキュール（できればグランマルニエかコアントロー）…30*ml*
ライム1個分の果汁
ハチミツまたはアガベシロップ…30*ml*
アボカド…½個（皮とタネを除いておく）
砕いた氷…70*g*

すべての材料をブレンダーに入れ，なめらかなピュレになるまで混ぜる。縁に塩をつけたグラスに注いで供する。

……………………………………………

◉アボカドトースト

ミレニアル世代の究極の一皿。賛否両論の決着はつきそうもないが，連綿と続いてきた料理の歴史にミレニアル世代が初めて一歩を記した記念すべき一品と言えよう。レシピの必要はないかもしれないが，基本的な指針をいくつかあげておく。

パンは精白粉のパンでも全粒粉のパンでも好きなものを使う。少量の砂糖を入れて焼いたパンはトーストするとこんがりといい焼き色がつき，できあがりが少しだけ甘くなっておいしい。

アボカドの果肉をスプーンで皮から外しフォークでつぶしながらパンの上に広げる。ワカモレと同じで少しゴロゴロした食感が残っているほうが好ましい。塩コショウで調味する。それ以外に何を足すかは個人の自由だ。定番はトウガラシのフレークだが，アンチョビからザアタル（中東風のミックススパイス）まで何でもOK。

……………………………………………

◉アボカドとグレープフルーツのサラダ

アボカドが市場に出まわるようになった初期の頃から，アボカドとグレープフルーツの組みあわせは人気があった。どちらも第一次世界大戦前のその頃はまだ目新しい食材であり，そのふたつを合わせて使うレシピには高級なイメージがあったのだ。

カリフォルニア・アボカド協会がサラダのレシピを初めて印刷物で広報したのは1920年代のことだった。1931年に出版された権威ある料理書『ジョイ・オブ・クッキング *Joy of Cooking*』の初版には，このサラダのレシピがふたつ掲載されている。有名シェフで食育研究家のアリス・ウォータースは2010年にこのサラダのレシピをニューヨークタイムズ紙に掲載した。その間には数えきれないほどの書籍，雑誌，新聞がこのメニューを採りあげてきている。もはや古典となっているこのサラダは決して古びることはないようだ。

グレープフルーツ（ルビー）…1個（小房に分けて薄皮をむく）
グレープフルーツ（ホワイト）…1個（小房に分けて薄皮をむく）
アボカド…1～2個（皮とタネをとりくし形に切る）
フレンチドレッシング…適量

1. グレープフルーツとアボカドを交互に放射状にならべる。
2. フレンチドレッシングをかける。

このサラダは大きめの皿に盛ったグリーンサラダの上にのせて飾りにすることもできる。グレープフルーツは1種類だけ使っても構わない。カリフォルニア風ライフスタイル雑誌『サンセット』はスモークアーモンドから小エビまでさまざまなトッピングを提案している。また，このレシピは好きなようにドレスアップまたはドレスダウンできる。1950年代のアメリカ風にしたければ，フレンチドレッシングのかわりにクラフトのケチャップ入りカタリナドレッシングを使う。

……………………………………………

◉クラブ・ルイ・サラダ

カリフォルニア発祥のこの一品はカニ（クラブ）か小エビ（シュリンプ）を使ったサラダである。サンフランシスコで1914年に発表されたレシピには，アボカドではなくアスパラガスが使われていた。しかしすぐにこのサラダに使う緑色

野菜の選択肢にアボカドが加わり，アボカドとエビやカニの組みあわせがこのサラダのイメージとして定着した。正統派を自任するレシピはどれもレタスをベースにしているがロメインレタスもいい。一説によればこのサラダの名前の「ルイ」はダヴェンポートホテルの創業者ルイ・ダヴェンポートの名前に由来し，彼がこのレシピを考案したと言われている。

（サラダの材料と作り方）
レタス…1個（洗って細かくちぎる）
キュウリ…1本（薄い輪切りにする）
トマト…2個（くし形に切る）
固ゆで卵…2個（スライスする）
ブラックオリーブのスライス…100*g*入りを1缶
アボカド…2個（スライスまたは大きめの角切り）
カニまたは小エビ…450*g*（殻をとってゆでたもの）

1. 4枚の皿にちぎったレタスを盛り，その上にキュウリの輪切りとよく熟した新鮮なトマトのくし切りをのせる。
2. 次にゆで卵のスライスとオリーブをきれいに飾り付ける。さらに上からアボカドを飾り，最後にカニまたは小エビをのせる。
3. ルイドレッシングをかけたらすぐにテーブルへ。

（ルイドレッシングの材料と作り方）
マヨネーズ…230*g*
トマトケチャップ…115*g*
ホースラディッシュ・ソース…大さじ1
ウスターソース…小さじ1
レモン果汁…小さじ1
カイエンヌペパー…少々
ガーリックパウダー…小さじ⅛
ネギのみじん切り…25g

1. ネギ以外の材料をすべて混ぜあわせ，混ざったらネギを加えてさらに混ぜる。
2. 全体をよく冷やしてからサラダにかける。

どうしても時間がないときは市販のサウザンドアイランド・ドレッシングを使ってもいいが，できあがりの味は少し劣る。

◉シュリンプ・ルイ・アペタイザー

至福の時をすごしたいなら，シュリンプ・ルイ・アペタイザーにまさるオードブルはない。

アボカド…2個（皮をむき，半分に切ってタネを除いたもの）
小エビ…450*g*（小さめのものをゆでておく）
ルイドレッシング
レモンのくし切り（飾り用）

1. レタスの葉を敷きつめた4枚の皿のそれぞれに半分に切っておいたアボカ

ドをのせる。

2. ゆでた小エビにルイドレッシングをからめてクリーム状にしたものを，それぞれのアボカドに¼量ずつのせる。レモンのくし切りを添える。

◉アボカド・ポキボウル

アボカドとシーフードを組みあわせれば極上の一品になる。アボカドは甲殻類だけでなく魚類ともとても相性がいいのだ。近年脚光を浴びているハワイ料理ポキボウルにアボカドを合わせれば完璧である。

酢飯…175*g*
わかめサラダ（調理済みのもの）…100*g*
マグロまたはサーモンの刺身（両方でも可）…115*g*
アボカド…1個（厚めのスライスまたは大きめの角切りにする）
スパイシーなマヨネーズまたは醤油
白炒りゴマ
ゴマ油

1. 酢飯をボウルに入れ，その上にわかめサラダをのせる。
2. アボカドと刺身をやさしく合わせてわかめの上にのせる。
3. スパイシーなマヨネーズまたは醤油をまわしかけてから炒りゴマを散らし，さらに少量のゴマ油をかける。

◉アボカドクレーマ

アボカドクレーマはいろいろな料理に少し足すといっそうおいしくなるソースだ。アメリカ西部やメキシコのタコススタンドならどこでも見かける濃度の少ないアボカドのソースがこれである。どんなサラダやローストした肉にも使える。もちろんいちばん合うのはテクス・メクスと呼ばれるメキシコ風アメリカ料理あるいは南カリフォルニア風メキシコ料理，たとえばタコス，ブリトー，エンチラーダ［トルティーヤで具材を巻き，チーズやソースをのせてオーブンで焼いたもの］，ファヒータ［グリルした肉料理を小麦のトルティーヤにのせたもの］などだ。熟しすぎたアボカドや冷凍のアボカドを使いきるには最適のレシピと言える。作ったあと冷蔵庫に入れておけば1週間ぐらいはもつ（そんなに長いあいだ残っていることはめったにないが）。

イタリアンパセリまたはコリアンダー…15*g*（洗って水を切っておく）
酢…大さじ2
ライム1個分の果汁
水…120*ml*
細ネギ2本（粗みじんに切る）
赤トウガラシのフレーク…小さじ¼
塩…小さじ½
砂糖…小さじ½
ギリシャヨーグルト…300*g*
よく熟したアボカド…1個（皮とタネ

を除く）

1. ヨーグルトとアボカド以外の材料をすべてブレンダーに入れて均一な液体になるまでよく混ぜる。
2. そこへヨーグルトとアボカドを加えて，なめらかになるまでさらに混ぜる。

注意：これはワカモレほどの濃度はない薄いソースだ。サラダドレッシングぐらいの濃度になるよう必要に応じて水を足すこと。

◉アボカド・コーヒーシェイク

ブラジル，フィリピン，インドネシアではアボカドとコーヒーを組みあわせたものが広く好まれている。アボカド・コーヒーシェイクは朝食用に大人気だ。

- よく熟したアボカド…1個（皮とタネを除く）
- スキムミルク…120*ml*
- コンデンスミルク（加糖）…225*g*
- インスタントの粉末エスプレッソコーヒー…小さじ1〜2
- （またはエスプレッソコーヒー大さじ1〜2杯）
- 砕いた氷…150*g*
- （好みで）バニラエキス…小さじ1（バニラエキスはバニラをエチルアルコールにつけて抽出した液。バニラエッセンス数滴で代用可）
- （手に入れば，好みで）オートクラット・ブランドまたはコーヒータイム・ブランドのコーヒーシロップ…90*ml*

材料をすべてブレンダーに入れ，なめらかになるまで混ぜる。

ジェフ・ミラー（Jeff Miller）
コロラド州立大学健康・人間科学部准教授。顧客管理学，食物学および栄養学専攻。2017年「今年の食物学教育者賞」受賞。共著に『*Food Studies: An Introduction to Research Methods*』（2009年）がある。

伊藤はるみ（いとう・はるみ）
1953年名古屋市生まれ。愛知県立大学外国語大学フランス学科卒業。おもな訳書にジュデイス・フランダース著『クリスマスの歴史』，イアン・ウィリアムズ著『「食」の図書館　テキーラの歴史』，マリア・タタール編『［ヴィジュアル注釈版］ピーター・パン（上下）』（以上原書房刊）などがある。

「食《しょく》」の図書館《としょかん》

アボカドの歴史《れきし》

●

2021年2月22日　第1刷

著者……………ジェフ・ミラー
訳者……………伊藤《いとう》はるみ
装幀……………佐々木正見
発行者……………成瀬雅人
発行所……………株式会社原書房

〒160-0022 東京都新宿区新宿 1-25-13
電話・代表 03(3354)0685
振替・00150-6-151594
http://www.harashobo.co.jp

印刷……………新灯印刷株式会社
製本……………東京美術紙工協業組合

ISBN 978-4-562-05858-7, Printed in Japan

鮭の歴史 《「食」の図書館》

ニコラース・ミンク／大間知知子訳

人間がいかに鮭を獲り、食べ、保存（塩漬け、燻製、缶詰ほか）してきたかを描く、鮭の食文化史。アイヌを含む日本の事例も詳しく記述。意外に短い生鮭の歴史、遺伝子組み換え鮭など最新の動向もつたえる。　２０００円

レモンの歴史 《「食」の図書館》

トビー・ゾンネマン／高尾菜つこ訳

しぼって、切って、漬けておいしく、油としても使えるレモンの歴史。信仰や儀式との関係、メディチ家の重要な役割、重病の特効薬など、アラブ人が世界に伝えた果物には驚きのエピソードがいっぱい！　２０００円

牛肉の歴史 《「食」の図書館》

ローナ・ピアッティ＝ファーネル／富永佐知子訳

人間が大昔から利用し、食べ、尊敬してきた牛。世界の牛肉利用の歴史、調理法、牛肉と文化の関係等、多角的に描く。成育における問題等にもふれ、「生き物を食べること」の意味を考える。　２０００円

ハーブの歴史 《「食」の図書館》

ゲイリー・アレン／竹田円訳

ハーブとは一体なんだろう？　スパイスとの関係は？　それとも毒？　答えの数だけある人間とハーブの物語の数々を紹介。人間の食と医、民族の移動、戦争…ハーブには驚きのエピソードがいっぱい。　２０００円

コメの歴史 《「食」の図書館》

レニー・マートン／龍和子訳

アジアと西アフリカで生まれたコメは、いかに世界中へ広がっていったのか。伝播と食べ方の歴史、日本の寿司や酒をはじめとする各地の料理、コメと芸術、コメと祭礼など、コメのすべてをグローバルに描く。　２０００円

（価格は税別）

ウイスキーの歴史《「食」の図書館》
ケビン・R・コザー／神長倉伸義訳
ウイスキーは酒であると同時に、政治であり、経済であり、文化である。起源や造り方をはじめ、厳しい取り締まりや戦争などの危機を何度もはねとばし、誇り高い文化にまでなった奇跡の飲み物の歴史を描く。２０００円

豚肉の歴史《「食」の図書館》
キャサリン・M・ロジャーズ／伊藤綺訳
古代ローマ人も愛した、安くておいしい「肉の優等生」豚肉。豚肉と人間の豊かな歴史を、偏見／タブー、労働者などの視点も交えながら描く。世界の豚肉料理、ハム他の加工品、現代の豚肉産業なども詳述。２０００円

サンドイッチの歴史《「食」の図書館》
ビー・ウィルソン／月谷真紀訳
簡単なのに奥が深い…サンドイッチの驚きの歴史！「サンドイッチ伯爵が発明」説を検証する、鉄道・ピクニックとの深い関係、サンドイッチ高層建築化問題、日本の総菜パン文化ほか、楽しいエピソード満載。２０００円

ピザの歴史《「食」の図書館》
キャロル・ヘルストスキー／田口未和訳
イタリア移民とアメリカへ渡って以降、各地の食文化に合わせて世界中に広まったピザ。本物のピザとはなに？世界中で愛されるようになった理由は？シンプルに見えて実は複雑なピザの魅力を歴史から探る。２０００円

パイナップルの歴史《「食」の図書館》
カオリ・オコナー／大久保庸子訳
コロンブスが持ち帰り、珍しさと栽培の難しさから「王の果実」とも言われたパイナップル。超高級品、安価な缶詰、トロピカルな飲み物など、イメージを次々に変えて世界中を魅了してきた果物の驚きの歴史。２０００円

（価格は税別）

リンゴの歴史 《「食」の図書館》
エリカ・ジャニク著　甲斐理恵子訳

エデンの園、白雪姫、重力の発見、パソコン…人類最初の栽培果樹であり、人間の想像力の源でもあるリンゴの驚きの歴史。原産地と栽培、神話と伝承、リンゴ酒（シードル）、大量生産の功と罪などを解説。　２０００円

ワインの歴史 《「食」の図書館》
マルク・ミロン著　竹田円訳

なぜワインは世界中で飲まれるようになったのか？８千年前のコーカサス地方の酒がたどった複雑で謎めいた歴史を豊富な逸話と共に語る。ヨーロッパからインド／中国まで、世界中のワインの話題を満載。　２０００円

モツの歴史 《「食」の図書館》
ニーナ・エドワーズ著　露久保由美子訳

古今東西、人間はモツ（臓物以外も含む）をどのように食べ、位置づけてきたのか。宗教との深い関係、高級食材でもあり貧者の食べ物でもあるという二面性、食料以外の用途など、幅広い話題を取りあげる。　２０００円

砂糖の歴史 《「食」の図書館》
アンドルー・F・スミス著　手嶋由美子訳

紀元前八千年に誕生したものの、多くの人が口にするようになったのはこの数百年にすぎない砂糖。急速な普及の背景にある植民地政策や奴隷制度等の負の歴史もふまえ、人類を魅了してきた砂糖の歴史を描く。　２０００円

オリーブの歴史 《「食」の図書館》
ファブリーツィア・ランツァ著　伊藤綺訳

文明の曙の時代から栽培され、多くの伝説・宗教で重要な役割を担ってきたオリーブ。神話や文化との深い関係、栽培・搾油・保存の歴史、新大陸への伝播等を概観、また地中海式ダイエットについてもふれる。　２２００円

（価格は税別）

ソースの歴史《「食」の図書館》

メアリアン・テブン著　伊藤はるみ訳

高級フランス料理からエスニック料理、B級ソースまで…世界中のソースを大研究！　実は難しいソースの定義、進化と伝播の歴史、各国ソースのお国柄、「うま味」の秘密など、ソースの歴史を楽しくたどる。　２２００円

水の歴史《「食」の図書館》

イアン・ミラー著　甲斐理恵子訳

安全な飲み水の歴史は実は短い。いや、飲めない地域は今も多い。不純物を除去、配管・運搬し、酒や炭酸水として飲み、高級商品にもする…古代から最新事情まで、水の驚きの歴史を描く。　２２００円

オレンジの歴史《「食」の図書館》

クラリッサ・ハイマン著　大間知知子訳

甘くてジューシー、ちょっぴり苦いオレンジは、エキゾチックな富の象徴、芸術家の霊感の源だった。原産地中国から世界中に伝播した歴史と、さまざまな文化や食生活に残した足跡をたどる。　２２００円

ナッツの歴史《「食」の図書館》

ケン・アルバーラ著　田口未和訳

クルミ、アーモンド、ピスタチオ…独特の存在感を放つナッツは、ヘルシーな自然食品として再び注目を集めている。世界の食文化にナッツはどのように取り入れられていったのか。多彩なレシピも紹介。　２２００円

ソーセージの歴史《「食」の図書館》

ゲイリー・アレン著　伊藤綺訳

古代エジプト時代からあったソーセージ。原料、つくり方、食べ方…地域によって驚くほど違う世界中のソーセージの歴史。馬肉や血液、腸以外のケーシング（皮）などの珍しいソーセージについてもふれる。　２２００円

（価格は税別）

脂肪の歴史《「食」の図書館》
ミシェル・フィリポフ著　服部千佳子訳

絶対に必要だが嫌われ者…脂肪。油、バター、ラードほか、おいしさの要であるだけでなく、豊かさ（同時に「退廃」）の象徴でもある脂肪の驚きの歴史。良い脂肪／悪い脂肪論や代替品の歴史にもふれる。　２２００円

バナナの歴史《「食」の図書館》
ローナ・ピアッティ＝ファーネル著　大山晶訳

誰もが好きなバナナの歴史は、意外にも波瀾万丈。栽培の始まりから神話や聖書との関係、非情なプランテーション経営、「バナナ大虐殺事件」に至るまで、さまざまな視点でたどる。世界のバナナ料理も紹介。　２２００円

サラダの歴史《「食」の図書館》
ジュディス・ウェインラウブ著　田口未和訳

緑の葉野菜に塩味のディップ…古代のシンプルなサラダがヨーロッパから世界に伝わるにつれ、風土や文化に合わせて多彩なレシピを生み出していく。前菜から今ではメイン料理にもなったサラダの驚きの歴史。　２２００円

パスタと麵の歴史《「食」の図書館》
カンタ・シェルク著　龍和子訳

イタリアの伝統的パスタについてはもちろん、悠久の歴史を誇る中国の麵、アメリカのパスタ事情、アジアや中東の麵料理、日本のそば／うどん／即席麵など、世界中のパスタと麵の進化を追う。　２２００円

タマネギとニンニクの歴史《「食」の図書館》
マーサ・ジェイ著　服部千佳子訳

主役ではないが絶対に欠かせず、吸血鬼を撃退し血液と心臓に良い。古代メソポタミアの昔から続く、タマネギやニンニクなどのアリウム属と人間の深い関係を描く。暮らし、交易、医療…意外な逸話を満載。　２２００円

（価格は税別）

カクテルの歴史 《「食」の図書館》

ジョセフ・M・カーリン著　甲斐理恵子訳

氷やソーダ水の普及を受けて19世紀初頭にアメリカで生まれ、今では世界中で愛されているカクテル。原形となった「パンチ」との関係やカクテル誕生の謎、ファッションその他への影響や最新事情にも言及。　2200円

メロンとスイカの歴史 《「食」の図書館》

シルヴィア・ラブグレン著　龍和子訳

おいしいメロンはその昔、「魅力的だがきわめて危険」とされていた!?　アフリカからシルクロードを経てアジア、南北アメリカへ…先史時代から現代までの世界のメロンとスイカの複雑で意外な歴史を追う。　2200円

ホットドッグの歴史 《「食」の図書館》

ブルース・クレイグ著　田口未和訳

ドイツからの移民が持ち込んだソーセージをパンにはさむ――この素朴な料理はなぜアメリカのソウルフードにまでなったのか。歴史、つくり方と売り方、名前の由来ほか、ホットドッグのすべて！　2200円

トウガラシの歴史 《「食」の図書館》

ヘザー・アーント・アンダーソン著　服部千佳子訳

マイルドなものから激辛まで数百種類。メソアメリカで数千年にわたり栽培されてきたトウガラシが、スペイン人によってヨーロッパに伝わり、世界中の料理に「なくてはならない」存在になるまでの物語。　2200円

キャビアの歴史 《「食」の図書館》

ニコラ・フレッチャー著　大久保庸子訳

ロシアの体制変換の影響を強く受けながらも常に世界を魅了してきたキャビアの歴史。生産・流通・消費についてはもちろん、ロシア以外のキャビア、乱獲問題、代用品、買い方・食べ方他にもふれる。　2200円

（価格は税別）

トリュフの歴史　《「食」の図書館》

ザッカリー・ノワク著　富原まさ江訳

かつて「蛮族の食べ物」とされたグロテスクなキノコはいかにグルメ垂涎の的となったのか。文化・歴史・科学等の幅広い観点からトリュフの謎に迫る。フランス・イタリア以外の世界のトリュフも取り上げる。　２２００円

ブランデーの歴史　《「食」の図書館》

ベッキー・スー・エプスタイン著　大間知知子訳

「ストレートで飲む高級酒」が「最新流行のカクテルベース」に変身…再び脚光を浴びるブランデーの歴史。蒸溜と錬金術、三大ブランデーの歴史、ヒップホップとの関係、世界のブランデー事情等、話題満載。　２２００円

ハチミツの歴史　《「食」の図書館》

ルーシー・M・ロング著　大山晶訳

現代人にとっては甘味料だが、ハチミツは古来神々の食べ物であり、薬、保存料、武器でさえあった。ミツバチと養蜂、食べ方・飲み方の歴史から、政治、経済、文化との関係まで、ハチミツと人間との歴史。　２２００円

海藻の歴史　《「食」の図書館》

カオリ・オコナー著　龍和子訳

欧米では長く日の当たらない存在だったが、スーパーフードとしていま世界中から注目される海藻…世界各地のすぐれた海藻料理、海藻食文化の豊かな歴史をたどる。日本の海藻については一章をさいて詳述。　２２００円

ニシンの歴史　《「食」の図書館》

キャシー・ハント著　龍和子訳

戦争の原因や国際的経済同盟形成のきっかけとなるなど、世界の歴史で重要な役割を果たしてきたニシン。食、環境、政治経済…人間とニシンの関係を多面的に考察。日本のニシン、世界各地のニシン料理も詳述。　２２００円

（価格は税別）

トマトの歴史《「食」の図書館》

クラリッサ・ハイマン著　道本美穂訳

実は短いトマトの歴史。南米からヨーロッパに伝わった当初は「毒がある」とされたトマトはいかに世界に広まったか。イタリアの食文化、「野菜か果物か」裁判、伝統の品種と最新の品種……知られざる歴史。２２００円

食用花の歴史《「食」の図書館》

C・L・カーカー／M・ニューマン著　佐々木紀子訳

近年注目される食用花（エディブルフラワー）。人類はいかに花を愛し、食べてきたか、その意外に豊かな歴史を追う。分子ガストロノミーや産直運動などの最新事情、菊、桜などを使う日本の食文化にも言及。２２００円

豆の歴史《「食」の図書館》

ナタリー・レイチェル・モリス著　竹田円訳

栄養の宝庫、豆。高級食材ではないが、持続可能な社会を目指す現代の貴重なタンパク源として注目されている。大豆やインゲン豆のほか世界の珍しい豆と料理法を多数紹介、人間と豆の九千年の歴史を読み解く。２２００円

ベリーの歴史《「食」の図書館》

ヘザー・アーント・アンダーソン著　富原まさ江訳

小さくても存在感抜群のベリー。古代の寓話と伝承、古今東西の食べ方や飲み方、さらには毒物として、またスーパーフードとしての役割まで、ミステリアスなベリーの興味深い歴史。日本のハスカップも登場。２２００円

エビの歴史《「食」の図書館》

イヴェット・フロリオ・レーン著　龍和子訳

ぷりぷりで栄養豊富なエビ。古代ギリシア時代から現代まで、人類がエビを獲り、食べてきた歴史。世界エビ料理やエビ風味食品、エビと芸術との関係、養殖エビや労働・環境問題にもふれたエビづくしの一冊。２２００円

（価格は税別）